어린이 비행기 조종 대백과

세상이 한눈에 보이는 비행기 조종 체험 도감

닉 버나드 지음 | 이은경 옮김 | 마대우 감수

바이킹

비행을 좋아했던 아버지는 저뿐만 아니라
다른 많은 사람에게도 영감을 주셨지요.
이 책을 아버지께 바칩니다.

Flight School

Published by arrangement with Thames & Hudson Ltd, London
Flight School © 2012 Thames & Hudson Ltd, London
Text by Nick Barnard
Illustrations by Damien Weighill

This edition first published in Korea in 2021 by BONUS Publishing Co., Seoul
Korean edition © 2021 BONUS Publishing Co.

이 책의 한국어판 저작권은 Corea 에이전시를 통한 저작권자의 독점 계약으로 보누스출판사에 있습니다.
저작권법에 의해 보호를 받는 저작물이므로 무단전재와 무단복제를 금합니다.

비행기 조종사를 꿈꾸는 여러분께

멋진 조종사가 되어 볼까요?

비행기 조종사 체험 교실에 오신 여러분! 환영합니다. 저는 곡예비행 조종사로, 많은 시간을 하늘에서 거꾸로 뒤집힌 채 보낸답니다. 여러분이 멋진 조종사가 될 수 있도록 비행기를 조종하는 법을 자세히 알려 줄 거예요.

하늘에서 비행기를 직접 조종하는 모습을 상상하며 조종사의 꿈을 키워 보세요. 저와 함께 멋진 조종사가 될 준비가 되었나요? 그럼 멋진 조종사가 되어 하늘에서 만나요!

곡예비행사이자 이 책을 쓴 닉 버나드

어떤 비행기를 조종하고 싶나요?

어릴 적 종이비행기를 접으며 조종사가 되고 싶다는 꿈을 꾸었습니다. 조종사로 살아가는 지금, 미래의 주역인 우리 친구들이 비행기 조종에 대해 더 자세하게 알아가도록 조금이나마 도움이 되고 싶었습니다.

이 책을 통해 조종사를 꿈꾸고, 나아가 미래에는 A380 비행기를 운항하는 멋진 조종사가 되어 보는 건 어떨까요? 전투기나 수송기 조종사도 좋겠네요. 자, 그럼 아름다운 비행의 세계로 출발!

아시아나항공 비행기 조종사 마대우

차례

비행기 조종사를 꿈꾸는 여러분께 … 3

1 비행기에 오르기 전에 준비해요

- 비행기를 알아볼까요? … 8
- 비행기 조종을 준비해 볼까요? … 12
- 공기에도 힘이 있다고요? … 16

비행기 조종사가 될 준비를 마쳤나요?
이륙할 준비를 하세요!

2 비행기 조종석에 앉아 봐요

- 비행기는 어떻게 움직일까요? … 22
- 비행기 엔진들을 알아볼까요? … 26
- 곡예비행을 준비해 볼까요? … 30
- 비행기를 조종하기 좋은 날씨 … 34

3 비행기를 타고 날아 봐요

- 속도를 줄여서 날아 볼까요? … 40
- 꼭 알아야 할 비행 규칙 … 44
- 지상으로 돌아갈까요? … 48
- 이제 혼자 날아 볼까요? … 52

하늘을 나는 멋진 비행기를 살펴봐요!
가장 빠른 비행기, 가장 높이 나는 비행기,
묘기를 펼치는 멋진 비행기까지
어떤 비행기가 마음에 드나요?

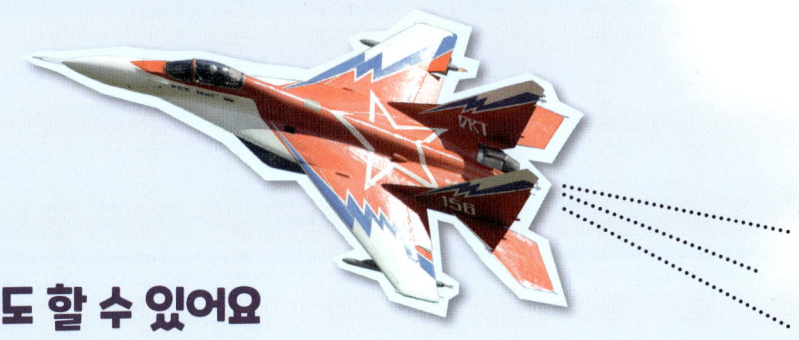

4 어려운 비행도 할 수 있어요

- 경로를 따라 날아 볼까요? ··· 58
- 어두워도 비행할 수 있을까요? ··· 62
- 곡예비행에 도전해 볼까요? ··· 66

> 깜짝아! 전투기는 소리가 엄청 크네.

5 다양한 비행기를 살펴봐요

- 민첩함을 자랑하는 복엽기 ··· 72
- 제2차 세계대전의 전투기 ··· 76
- 스핏파이어를 조종해 볼까요? ··· 80
- 빠르게 나는 현대 전투기 ··· 84
- 대한민국의 멋진 비행기 ··· 88
- 승객을 태우고 나는 여객기 ··· 90
- 보면 볼수록 신기한 비행기 ··· 94

비행기 조종사 자격 시험 ··· 98

제목 옆에 어떤 색 배지가 있는지 확인해 보세요. 지상에서 배워야 하는 내용인지, 하늘에서 습득해야 하는 비행 기술인지 알려 줍니다. 조종사가 비행을 배울 때처럼 조종을 단계별로 배울 수 있답니다.

직접 비행기를 조종해 하늘 높이 날아 볼까요?

일러두기

* [ ] 안에 옮긴이의 설명을 적었습니다.
* 이 책에서 다루는 비행기 정보는 2012년을 기준으로 했습니다. 대한민국의 비행기 정보는 2021년을 기준으로 했습니다.
* 비행기 종류와 명칭은 외래어 표기법에 따라 적었습니다.
* 사람이나 물건을 싣고 공중을 비행하는 탈것을 일컫는 '항공기'를 모두 '비행기'로 적었습니다.
* 영어로 쓰는 비행 용어는 외래어 표기법에 따라 한글로 표기하고 영문을 함께 적었습니다.

1

비행기에
오르기 전에 준비해요

비행기를 조종하기 전에
어떤 비행기가 있는지, 준비물은 무엇인지
꼼꼼히 살펴볼까요?

비행 학습

비행기를 알아볼까요?

사람이 하늘을 나는 건 수천 년 동안 꿈일 뿐이었습니다.
하지만 여러분은 이제 실제로 조종사가 되어 하늘을 날 수 있습니다!
어떤 종류의 비행기를 타고 하늘을 날고 싶은가요?

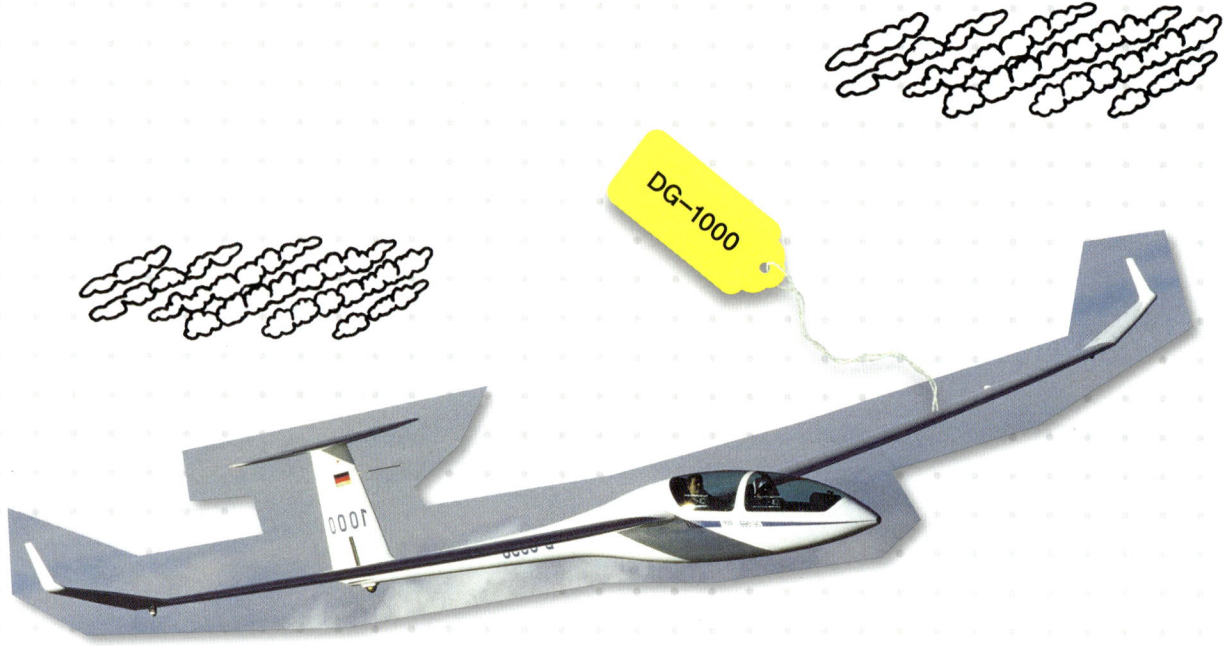

⭐ 글라이더

어떤 조종사는 처음 조종하는 비행기로 엔진이 없는 비행기인 글라이더를 선택하기도 합니다. 노련한 글라이더 조종사는 장거리 비행을 하면서 시합을 벌이기도 하지요.

'DG-1000'에는 앞뒤로 두 명이 탈 수 있어요. 글라이더를 타고 친구와 함께 날아 보는 건 어떨까요?

어떤 비행기를 타고 날아 볼까?

8

다이아몬드 스타 DA40

⭐ 훈련기

모든 조종사는 훈련기로 조종의 기본을 익히며 비행기 조종을 시작합니다.

조종석은 아늑한 크기로, 앞에 비행 조종 장치 두 개가 놓여 있습니다. 하나는 여러분을 가르칠 교관의 조종 장치예요. 비행하는 내내 교관이 옆에 앉아 지도해 줄 겁니다.

AW119 코알라

⭐ 헬리콥터

헬리콥터를 타 본 적 있나요?
헬리콥터를 타면, 헬리콥터가 얼마나
거침없는지 알 수 있습니다. 헬리콥터는 위아래로 곧게
비행할 수 있어서 좁은 곳에서도 이착륙할 수 있답니다.
비행기와 달리 이동하지 않고도 같은 자리에 오래 떠 있을 수 있지요.

F-35 라이트닝 II

⭐ 전투기

군대에서 쓰는 군용 비행기를 조종하기 위해서는 비행 경험이 풍부해야 하고, 고도의 훈련을 받아야 합니다.
　최고의 조종사가 되어야만 빠르고 위험하게 나는 전투기를 몰 수 있어요.

에어버스 A330-300

⭐ 여객기

여객기를 모는 조종사는 날씨가 좋건 나쁘건 밤낮으로 수많은 승객을 비행기에 태우고 전 세계를 돌아다녀야 해요.
　재미있겠다고요? 생각보다 정말 힘든 일이랍니다.

미국 공군 조종사 척 예거는 제2차 세계대전에 참전했던 진정한 비행 영웅입니다. 1947년 10월에 로켓엔진을 단 'X-1'에 몸을 싣고 세계 최초로 음속보다 빠르게 비행했답니다.

비행기 조종사 준비물

✔ 기착지(목적지로 가는 도중에 잠깐 들르는 곳) 및 비행시간을 기록하는 비행 일지

✔ 착륙할 비행장을 찾기 위한 VFR(Visual Flight Rules. 시계 비행 규칙. 조종사가 항공기 계기에 의존하지 않고 직접 본인의 시각으로 지형지물을 확인하고 항공기 자세 및 위치를 파악해 이루어지는 비행에 관한 규칙) 가이드

✔ 심사관이 서명한 최신 비행 라이선스

✔ 노선 계획을 짜기 위한 최신 항공 지도

조종사는 항상 이런 준비물을 챙겨야 합니다.

하늘에 날아가는 비행기를 보고 어떤 비행기인지 맞춰 보세요!

비행기 조종을 준비해 볼까요?

첫 비행에 도전하는 여러분을 환영합니다! 아직 비행기 조종 면허를 딸 수 있는 나이가 아니더라도, 교관과 함께 비행기를 조종할 수 있어요. 조종 장치에 손이 닿으며, 비행기 창문 너머를 볼 수 있을 정도로 자랐다면 충분합니다. 엉덩이 아래에 방석을 깔고 앉아도 괜찮아요!

파이퍼 체로키

세스나 152

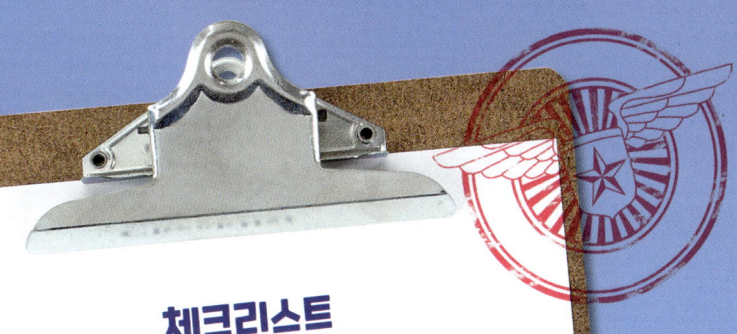

체크리스트

✓ **복장** : 티셔츠, 청바지, 운동화처럼 편한 옷을 입으세요. 멋진 항공 재킷은 나중에 입어도 된답니다.

✓ **물건** : 고정하지 않은 물건은 비행기 조종 장치 주변을 굴러다니다가 조종에 방해될 수 있으므로 비행하기 전에는 항상 주머니를 비워야 합니다.

✓ **안전벨트** : 안전벨트 작동 방식을 반드시 알아두세요.

직접 비행기를 조종해요

자, 기장석에 앉아 보세요. 여러분이 앞을 바라보고 있다면, 보통 왼쪽에 기장석이 있습니다. 배울 내용이 너무 많을 것 같아 벌써 머리가 아프다고요? 걱정하지 않아도 됩니다. 모든 조종사가 처음에 똑같이 느끼니까요.

교관이 전원을 연결하고 헤드셋을 씌워 줄 겁니다. 마음을 편히 먹으세요. 그런 다음 교관이 잘 들을 수 있도록 마이크를 조정하세요. "내 말이 잘 들리십니까?"라는 질문이 들리면, "크고 분명하게 들립니다!"라고 대답하면 됩니다.

비행 계기판을 살펴볼까요?

기본적인 네 가지 비행 계기가 있습니다.
이 기기들은 조종할 때 꼭 필요한 사항을 파악하는 데 큰 도움이 된답니다.

1 대기 속도 지시계
비행기가 얼마나 빨리 날아가고 있습니까?

2 자세계
비행기가 어떤 길로 가고 있습니까? 상승이나 하강 또는 선회나 수평으로 비행하고 있지 않나요?

3 방향 지시기
나침반의 바늘이 어느 쪽을 가리키고 있습니까?

4 고도계
비행기가 얼마나 높이 올라와 있습니까?

비행 용어

윌코(Wilco)
영문으로 '준수하겠습니다(will comply).'의 줄임말입니다.
'당신이 말한 그대로 따르겠습니다.'라는 뜻이에요.

하늘을 향해 날아 볼까요?

1. 시동 걸기

우선, 비행기가 나아갈 길에 사람이 있진 않은지 창밖으로 목을 내밀어 확인하세요.

앞에 사람이 없고 안전하다면, 프로펠러 주위가 안전하다는 구호인 '클리어 프롭(Clear prop. 프로펠러 주변에 있지 마세요.)'을 외치고 시동을 겁니다. 포효하는 엔진과 프로펠러 시동 소리를 들어 보세요.

2. 천천히 달리기

활주로로 이어지는 유도로를 따라 비행기를 운전하세요. 나아가고자 하는 방향으로 발 아래 페달의 하단을 밟으세요.

브레이크를 밟으려면 페달 상단을 누르면 됩니다.

3. 이륙

준비되었나요? 앞에 스로틀 레버[엔진의 실린더로 유입되는 연료 공기의 혼합 가스양을 조절해서 조종사가 원하는 동력이나 추력을 얻는 조종 장치]가 있습니다.

스로틀 레버를 앞으로 밉니다. 그다음 엔진 계기와 대기 속도 지시계를 확인하세요. 레버를 다시 원래 자리로 놓으세요. 봐요, 지금 날고 있어요!

알아볼까요?

화창한 날에는 눈이 부시지 않도록 선글라스를 착용해야 합니다.

비행기를 조종하는 사람이 누구인지 분명히 해야 해요. 교관이 조종간을 넘겨주면서 "조종하십시오."라고 말할 겁니다. 그때 "내가 조종합니다."라고 확실하게 대답하세요.

공기의 힘

공기에도 힘이 있다고요?

비행기가 어떻게 떠오를 수 있는지 궁금하지 않나요?
이건 공기 역학과 관련이 깊습니다. 공기 역학은 비행기의 날개 같은 물체 주변에서 공기가 어떻게 움직이는지를 알아보는 과학이랍니다.
잠깐, 공기 역학을 알아보기 전에 비행기 구조를 먼저 알아볼까요?

비행기의 주요 구조

엔진
엔진은 추력을 제공합니다. 엔진은 비행기의 동체나 날개에 달려 있습니다.

동체
조종사와 승객은 비행기의 몸통 부분에 앉아요. 이 부분을 동체라고 합니다.

날개와 꼬리
비행기 날개와 꼬리는 동체에 붙어 있습니다.

비행기는 어떻게 날아오를까요?

비행기가 떠오르려면 비행기를 아래로 당기는 힘보다 비행기 날개로 비행기를 위로 들어 올리는 힘이 더 강해야 합니다. 간단하지요?
　날개는 흐르는 공기의 위를 향하도록 기울어진 모양입니다. 이 날개에 공기가 돌진하면, 놀라운 일이 생겨요. 공기가 날개 아래쪽으로 흐르면서 반대 방향인 위로 향하는 힘을 만들기 때문입니다. 그 힘으로 비행기가 떠오르게 됩니다.

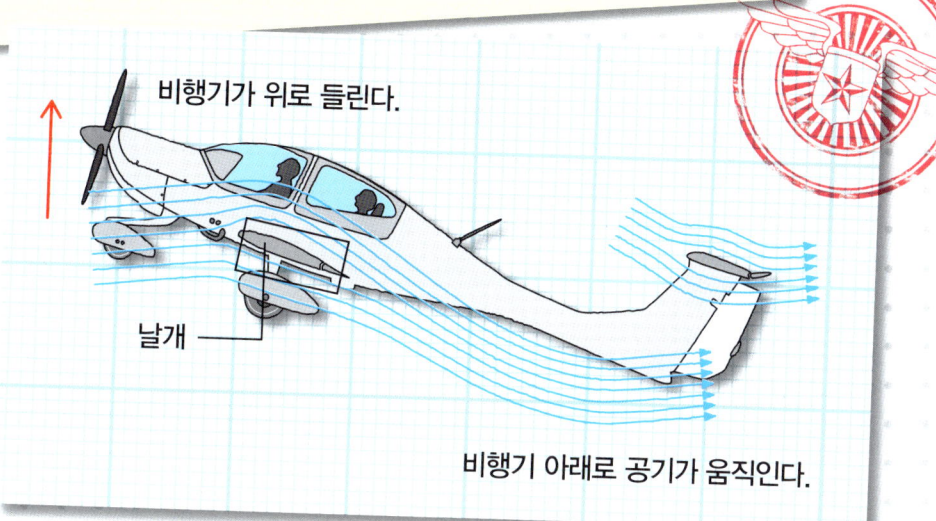

비행기가 위로 들린다.
날개
비행기 아래로 공기가 움직인다.

항력이란 무엇일까요?

항력은 비행기를 뒤로 잡아끄는 힘을 말합니다. 비행기가 공기를 뚫고 앞으로 나가는 힘(추력)을 낼 때 비행기 표면은 공기의 저항을 받아 뒤로 당겨집니다.
　비행기가 위로 올라가거나 아래로 내려가지 않고, 수평으로 날 때는 위로 올리는 힘(양력)과 아래로 당기는 힘(중력)이 균형을 이룬 상태입니다. 이때 추력(동력)은 항력과 균형을 맞춥니다.

추력
항력

실험! 종이로 공기 역학 알아보기

1. 종이 준비하기

똑같이 생긴 종이 두 장을 준비하세요. 하나만 구겨서 공처럼 만들어요. 두 개를 양손에 쥐고 같은 높이로 올립니다. 이제 동시에 떨어뜨리세요.

2. 승자 가리기

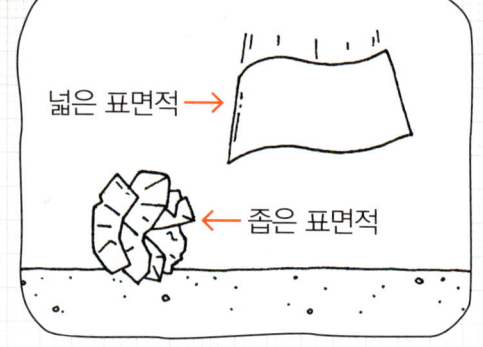

넓은 표면적 →
← 좁은 표면적

공 모양 종이가 먼저 땅에 닿습니다. 평평한 종이는 바닥으로 춤을 추듯이 천천히 떨어집니다. 이는 평평한 종이의 표면적이 커서 공기 저항이나 항력을 더 많이 받기 때문입니다.

3. 공기 저항

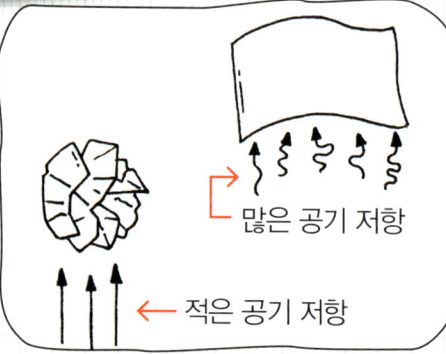

많은 공기 저항
← 적은 공기 저항

공 모양 종이는 유선형(공기의 저항을 줄이기 위해 물고기처럼 앞부분은 곡선으로 만들고 뒤쪽으로 갈수록 뾰족한 형태)에 가깝습니다. 따라서 떨어질 때 저항을 덜 받아서 더 빨리 떨어집니다.

4. 유선형 눈으로 확인하기

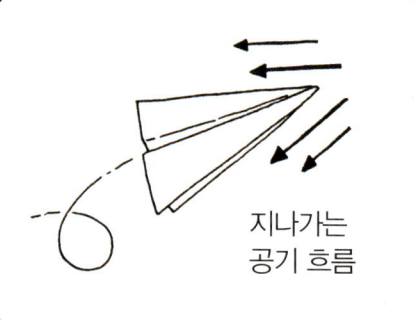

지나가는 공기 흐름

비행기는 공 모양 종이보다 유선형에 훨씬 가까워 공기 저항을 덜 받아요. 앞이 날렵하고 뾰족한 종이비행기를 만들어 던져 보세요. 공기가 날개 위에서 한 방향으로 흐르며 잘 날아갑니다.

뛰어난 비행기를 찾아볼까요?

느리고, 빠르고, 높이 나는 비행기를 알아봅시다!
다른 비행기에는 어떤 특징이 있을까요?

⭐ 느리게 나는 비행기

'An-2'는 비행 속도가 빠르지는 않아요. 속도는 느리지만 특별하게 사용한답니다. 낙하 체험을 하는 사람들을 태우는 비행기입니다.

An-2

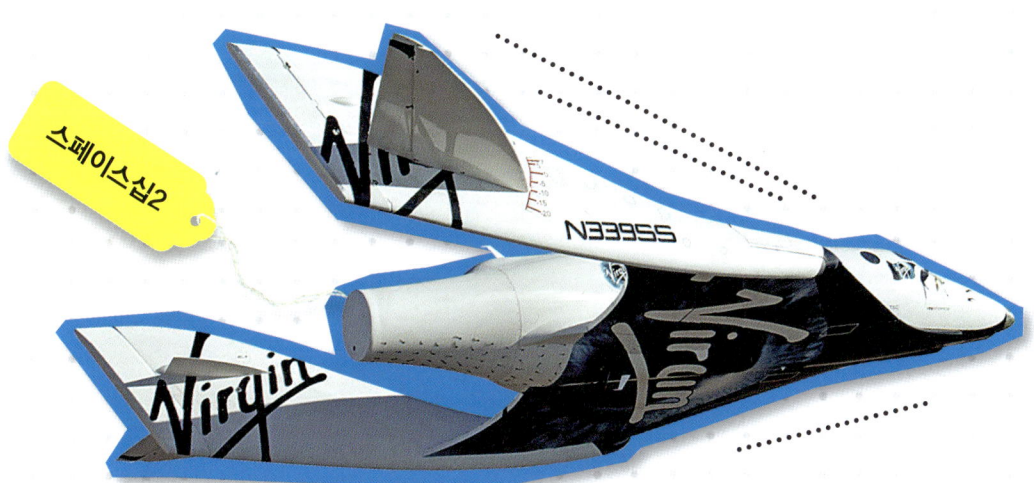

스페이스십2

⭐ 높이 나는 비행기

'스페이스십2(SpaceShip Two. SST)'를 타고 우주 공간을 여행할 수 있습니다!

⭐ 빠르게 나는 비행기

러시아 공군이 사용하는 전투기입니다. 빠르게 날면서도 안정성을 자랑하는 제트 전투기예요.

미그 29

고도와 추력

비행기가 하늘 높이 올라갈수록 공기는 더 희박해지고 가벼워집니다. 공기가 희박하면 비행기 날개는 많은 양력을 만들어내지 못해요.

   그럴 때 비행기의 높이(고도)를 유지하려면 추력이 더 많이 필요하지요. 강력한 제트엔진과 로켓엔진만이 비행기가 하늘 높이 날 수 있는 추력을 만들 수 있습니다.

2

비행기 조종석에
앉아 봐요

비행기는 어떻게 움직이는 걸까요?
어떤 엔진을 사용하는지, 날씨는 괜찮은지
비행기 조종의 기본을 알아봐요!

비행기는 어떻게 움직일까요?

비행기가 땅에서 벗어나 높이 떠올랐어요.
앞으로 날다가 방향을 바꿔야 하는 순간이 오면
어떻게 해야 할까요?
자, 이제 조종간을 잡고 공중에서 비행기의 진행 방향을
바꾸는 방법을 배워요.

느리게든 빠르게든, 늘 부드럽게 선회하세요. 훌륭한 여객기 조종사는 승객을 가장 중요하게 생각합니다. 비행기의 방향을 바꿀 때 비행기에 탑승한 사람이 무서워하지 않도록 신중하게 조종합니다.

선회하기 전에 살펴요
비행기 방향을 바꾸기 전에 항상 조종석 바깥을 둘러보세요.
특히, 방향을 바꾸고자 하는 곳을 봐야 합니다.
예상치 못한 방해물을 만나지 않도록 말이에요!

방향을 바꾸기 위한 장치

선회하고 싶다면 비행기 양쪽 날개에 있는 보조 날개(Aileron, 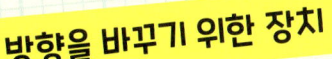)를 움직입니다. 보조 날개를 움직이는 동시에 방향타도 움직여야 합니다.

보조 날개
보조 날개는 양쪽 날개 끝에 있습니다. 앞에 놓인 스틱을 사용해 보조 날개를 움직이세요.

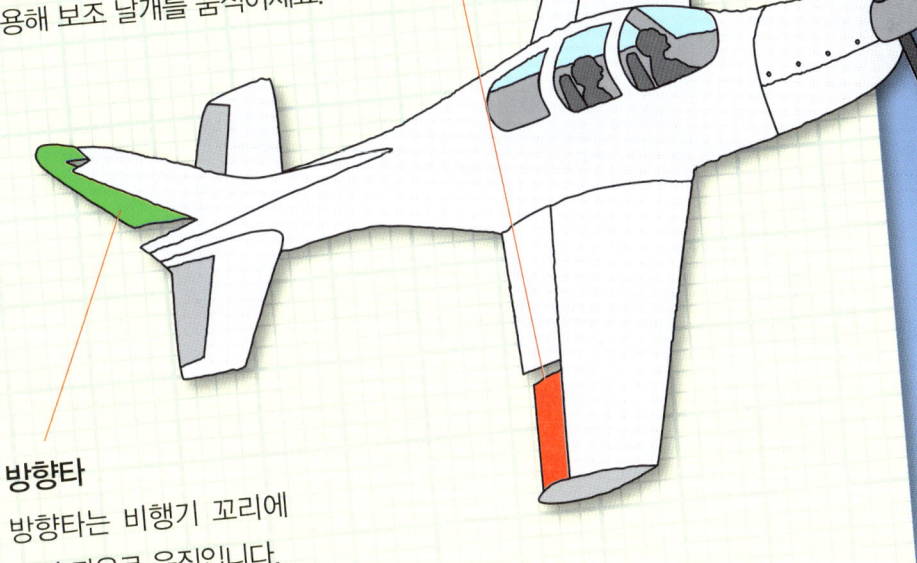

방향타
방향타는 비행기 꼬리에 붙어 좌우로 움직입니다. 조종석에 있는 페달을 발로 밟아 보세요.

선회하는 방법을 알아볼까요?

올라간 왼쪽 날개

1 방향을 돌리기 시작해요

스틱을 오른쪽으로 움직이면서 선회를 시작하세요.

그러면 오른쪽 도움날개가 올라가고 왼쪽 도움날개가 내려갑니다. 그럼 오른쪽 날개에는 더 큰 항력이 생기고 왼쪽 날개에는 더 큰 양력이 생겨요.

2 뱅크를 해요

1과 동시에 발로 오른쪽 방향타 페달을 밀어 비행기의 균형을 유지하세요.

창밖을 보면 비행기 왼쪽 날개가 올라가 있는 모습을 볼 수 있습니다. 지금 비행기를 기울인 채 방향을 전환하는 뱅크를 하는 겁니다.

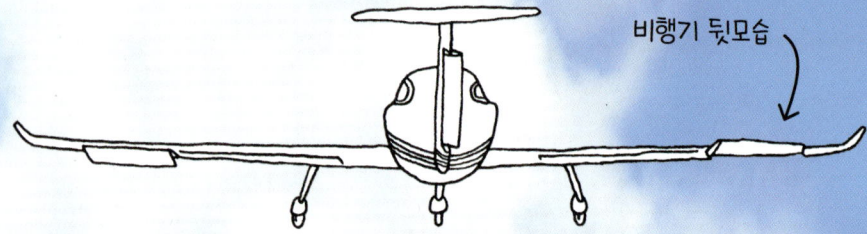

비행기 뒷모습

3 선회를 유지해요

충분히 가파른 기울기에 도달하면 조금 더 힘을 가하고, 하강하는 걸 막기 위해 스틱을 약간 뒤로 젖힙니다.

그리고 다시 스틱을 중앙으로 움직입니다.

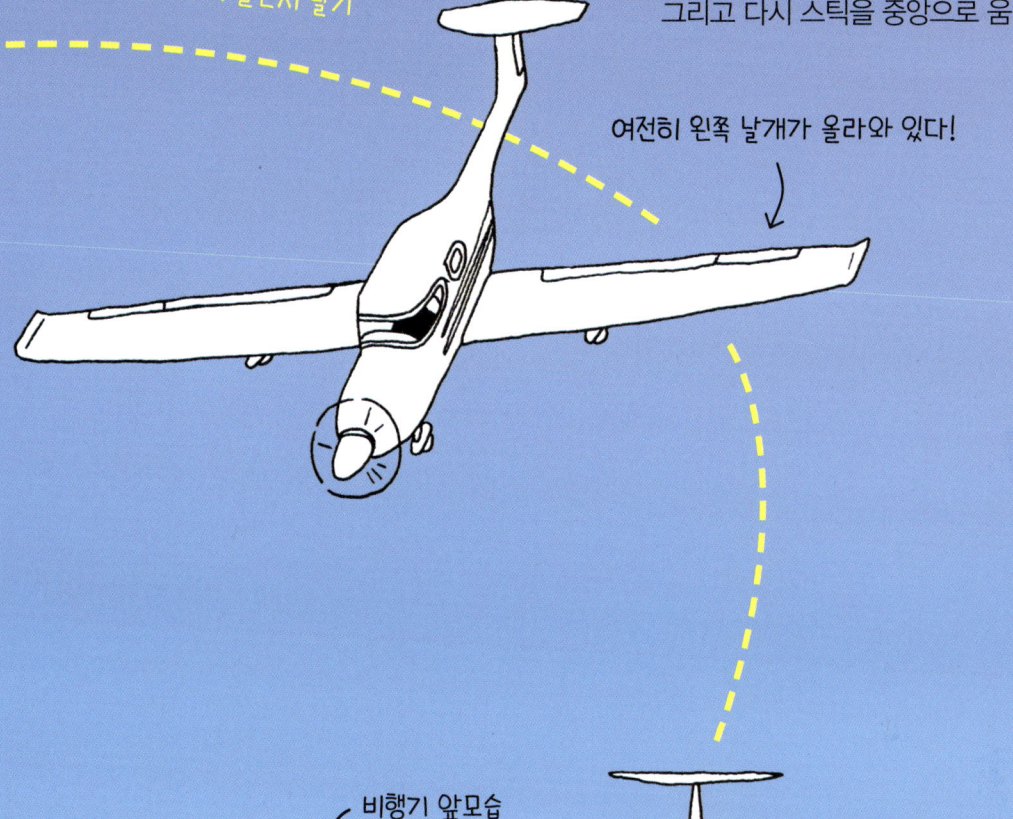

부드럽게 돌면서 날기

여전히 왼쪽 날개가 올라와 있다!

비행기 앞모습

4 선회를 멈춰요

이제 선회를 멈출 때입니다. 같은 자리를 뱅뱅 돌면 안 되니까요! 왼쪽으로 향했던 스틱을 풀면서 선회에서 벗어납니다.

날개가 다시 수평을 이루고 비행기가 똑바로 앞을 향하고 있어요! 선회하기 전과 반대 방향으로 비행하고 있습니다. 잘했습니다!

엔진의 힘

비행기 엔진들을 알아볼까요?

비행기에는 대부분 하늘로 치솟은 후에 계속 떠 있을 수 있도록 엔진이 달려 있습니다. 비행기 조종 훈련을 위한 훈련기의 앞부분 내부엔 항공용 휘발유를 사용하는 엔진이 있습니다. 비행기에 동력을 만드는 여러 엔진을 알아볼까요?

★ 제트엔진

제트엔진은 가솔린엔진보다 훨씬 강력합니다. 높고 빠르게 나는 비행기에 가장 효과적이므로 대형 여객기 및 군용 제트기에 적합한 엔진입니다.

보잉 747-400

큰 여객기는 날기 위해 많은 힘이 필요합니다. 모든 여객기에는 날개에 엔진이 두 개 또는 네 개가 고정되어 있습니다. '보잉 747' 점보 제트기에는 엔진이 네 개 달려 있어요.

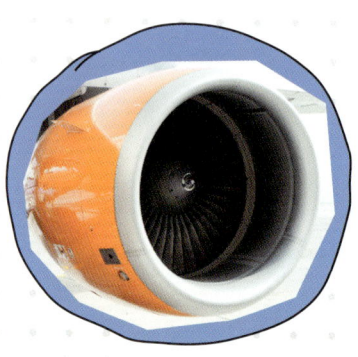

알아볼까요?

최초로 제트엔진을 단 비행기는 '하잉켈 He178'입니다. 1939년에 처음으로 비행했고 최고 속도는 603km/h입니다.

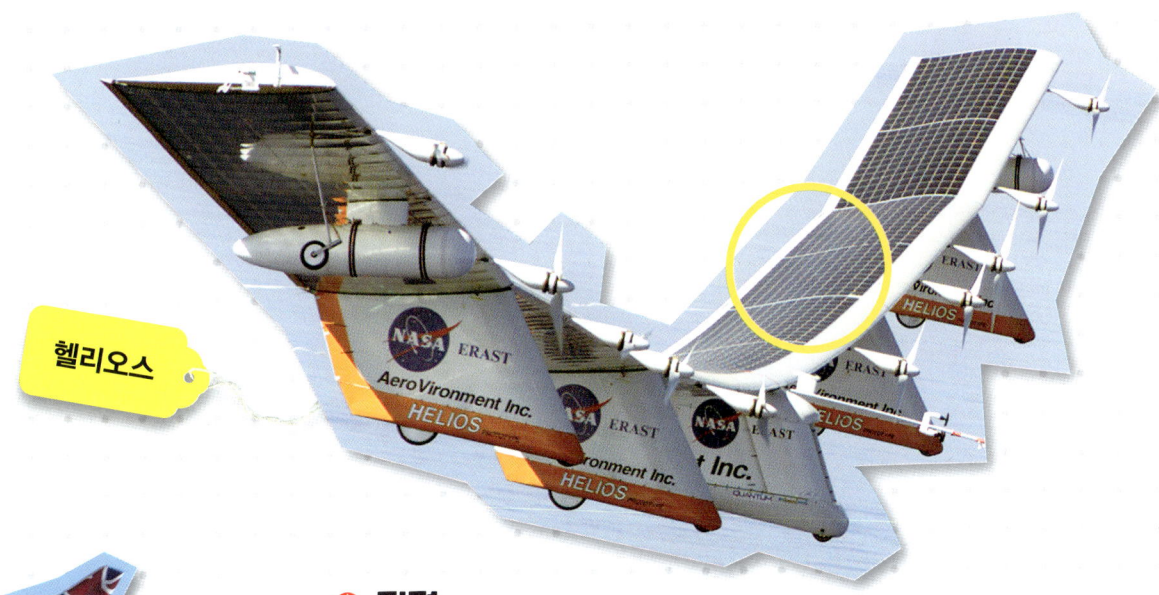

헬리오스

⭐ 전력

예전에는 전기 모터와 배터리가 너무 무거워서 비행기에 전력을 공급할 수 없었습니다. 요즘 사용하는 전기 모터는 태양에너지로 작동할 수 있어요.

　태양에너지를 사용하는 헬리오스는 로켓엔진 없이도 다른 어떤 비행기보다 더 높이 날았습니다.

X-15

⭐ 로켓엔진

초고속으로 날려면 로켓엔진을 선택하세요. 'X-15'는 로켓엔진을 달고 빠르게 날아다닙니다.

　7,274km/h의 속도로, 음속보다 여섯 배 정도 빠르답니다!

음속은 약 1,225km/h입니다.

추력이란 무엇일까요?

하늘에서 비행기가 앞으로 이동하려면 추력이 필요합니다. 비행기의 엔진이 돌면서 비행기가 나아가는 방향과 반대 방향으로 공기가 밀려나 비행기를 앞으로 밀어내는 힘이 생겨요. 그 힘이 바로 추력입니다.
　경비행기는 엔진으로 프로펠러를 돌리는데 프로펠러 뒤로 공기가 밀려나서 앞으로 나아갈 수 있지요. 로켓엔진 비행기는 엔진에서 가스를 분사해서 비행기를 밀어내는 힘을 만듭니다. 비행기마다 어떻게 추력을 얻는지 이제 알겠지요?

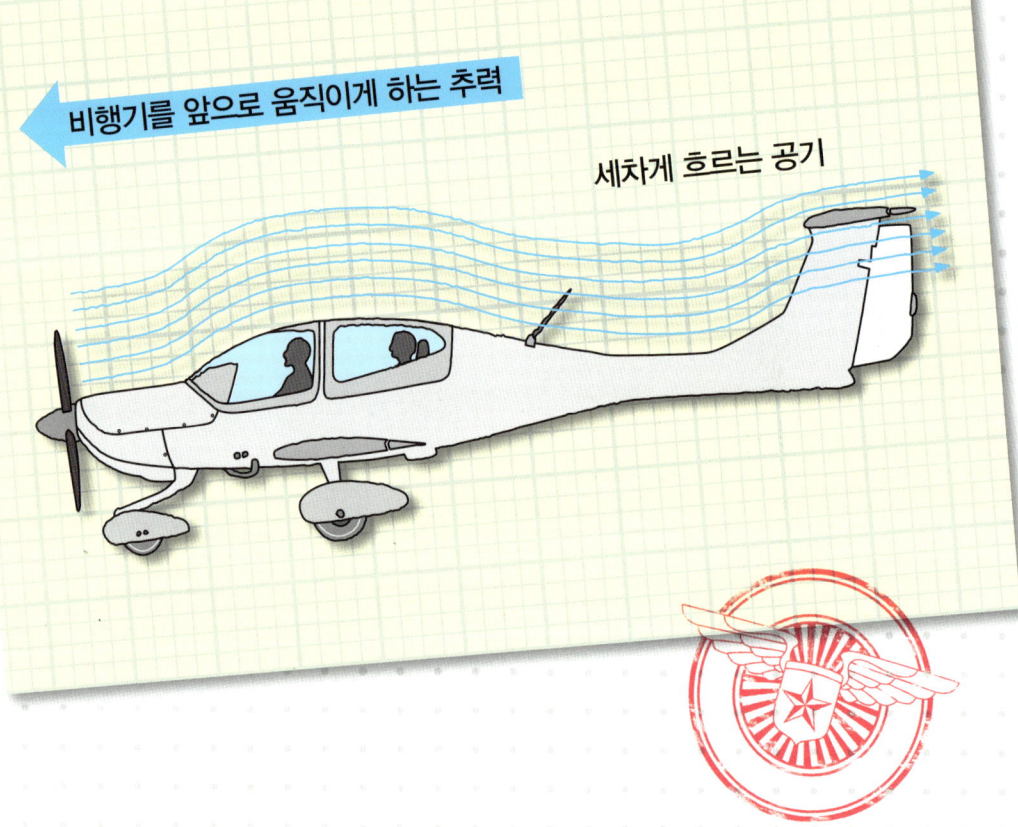

← 비행기를 앞으로 움직이게 하는 추력

세차게 흐르는 공기

실험! 풍선으로 추력 알아보기

1. 풍선 불기

풍선을 찾아 불어 볼까요?
 공기를 가득 채워 빵빵해진 풍선을 공기가 빠져나올 수 없도록 손가락으로 입구를 꽉 잡고 높이 들어 올리세요.

2. 풍선 놓기

이제 풍선 입구에서 손을 떼세요. 풍선을 채운 공기가 모두 빠져나올 때까지 풍선은 쌩 하고 날아다닐 겁니다.
 풍선 입구에서 쏟아져 나오는 공기가 풍선을 밀어내면서 풍선이 앞으로 나아가는 것이지요. 풍선을 밀어내는 힘이 바로 추력입니다.

곡예비행을 준비해 볼까요?

곡예비행에 도전할 준비를 다 했나요?
급강하해 보세요! 하늘에서 거꾸로 곤두박질치면서 느끼는 아슬아슬함이라니, 정말 짜릿할 거예요.
시끄러운 엔진을 장착한 강력한 제트 전투기는 추력이 어마어마해서 이륙하자마자 똑바로 위로 솟구칠 수 있습니다.

피츠 스페셜

F-16

비행 용어

어펌(A-Firm)
조종사가 '예'라고 말하는 겁니다.
'Affirmative(긍정)'의 줄임말입니다.

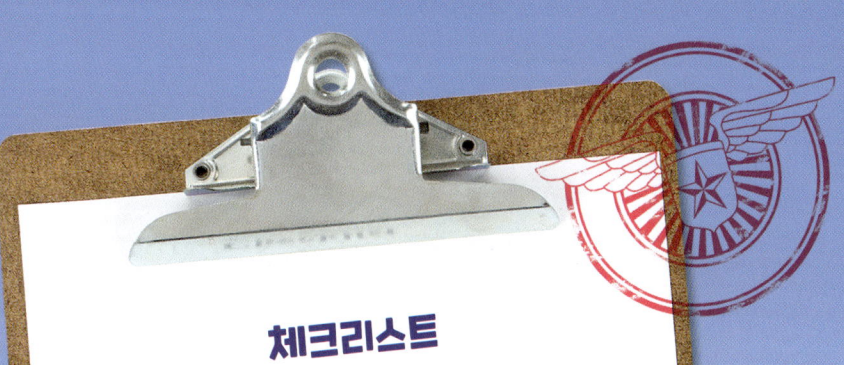

체크리스트

급강하할 때 무엇을 주의해야 할지 알아보세요.

✓ 다른 비행기를 주시해야 합니다.

✓ 올바른 높이와 수평에 도달하도록 준비하세요.

✓ 안전 속도를 넘지 마세요.

✓ 엔진에 신경 쓰세요.

에어쇼를 본 적 있나요?

화려한 비행을 보고 싶다면 성대한 에어쇼를 보러 가세요. 최대 십만 명의 관객이 참석할 수 있는 에어쇼도 있답니다. 어마어마한 규모지요?

'F-16'이나 '유로파이터'처럼 시끄러운 제트기는 물론이고 '피츠 스페셜'과 같은 곡예기도 등장할 겁니다. 카메라와 귀마개를 반드시 가지고 가세요.

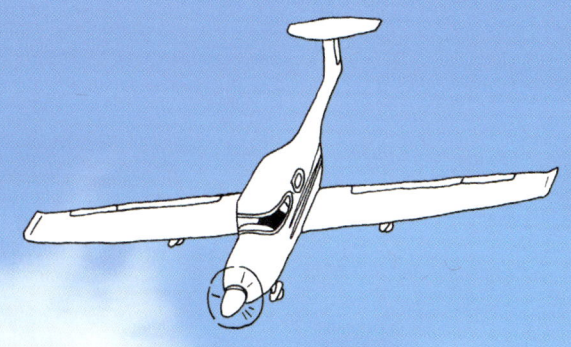

대한민국의 상공에서도 에어쇼가 펼쳐집니다! 사천, 오산, 성남 등에서 에어쇼가 펼쳐져요. 유명한 곡예비행 팀으로 '블랙 이글스'가 있어요. 'T-50'을 개조한 곡예기를 타고 날아오른답니다.

급강하할 때 확인해요

하강하는 동안 반드시 비행 계기를 보면서 진행 상황을 확인해야 합니다.

1 대기 속도 지시계

아무리 빨리 비행하더라도 최고 속도는 넘지 않아야 합니다.

2 자세계

비행기 노즈가 수평선 아래로 향하고 있음을 나타냅니다.

3 고도계

긴 바늘이 빠르게 움직이면서, 비행기 높이가 빠르게 낮아지고 있는 걸 알려 줍니다.

4 방향 지시기

비행기가 선회할 때를 제외하면, 늘 같은 위치를 유지해야 합니다.

급강하할 때는 엔진을 살펴요

1. 온도를 확인해요

느린 공기 흐름

비행기가 위를 향해 가파르게 날면 천천히 비행하게 되지요. 천천히 날면, 엔진을 시원하게 만드는 공기 흐름이 줄어듭니다.

그러다 비행기 노즈를 아래로 낮추면 비행 속도가 빨라지고 공기 흐름이 증가해 엔진의 온도가 점점 낮아집니다.

2. 급냉각을 방지해요

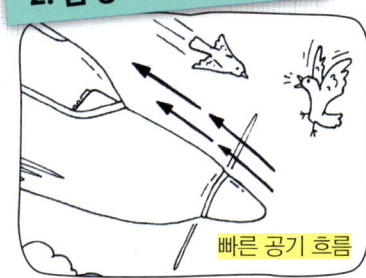
빠른 공기 흐름

비행기가 아래로 미끄러지듯 날면 엔진이 덜 움직이고, 엔진 주위로는 많은 공기가 빠르게 흐릅니다.

그러다 보면 엔진이 너무 빨리 차가워져서 손상을 입을 수 있어요. 엔진을 따뜻하게 유지하기 위해서 때때로 전원을 켜야 합니다.

3. 절대 서두르지 않아요

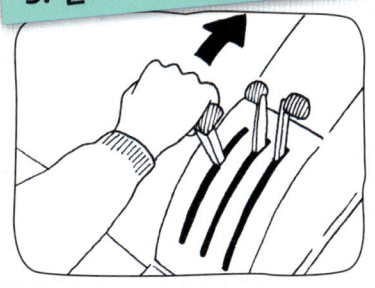

엔진을 부드럽게 다루면 더 오래 사용할 수 있습니다. 비행할 때는 항상 스로틀 레버[엔진에 유입되는 가스 양을 조절해 조종사가 원하는 동력이나 추력을 얻는 조종 장치]를 앞뒤로 부드럽게 잡아당기세요.

비상사태가 아니라면 스로틀 레버를 거칠게 다루지 마세요.

알아볼까요?

급강하할 때는 소음이 심해요. 엔진이 격렬히 작동하며 공기가 빠르게 지나가는 소리도 들립니다.

급강하 상태에서는 모든 조종 장치가 단단히 고정되어 있어 조작하기 어렵습니다. 장치를 매끄럽게 작동시킬 수 있는 방법을 익히세요.

훈련기는 대부분 분당 약 150m 상승합니다.

곡예기는 그보다 네 배 빠른 속도로 올라갈 수 있습니다.

비행기를 조종하기 좋은 날씨

비행기 조종사로서 날씨에 주의를 기울이는 건 정말 중요합니다.
전문가만큼 자세히 알 필요는 없지만, 날씨가 비행에 미치는 영향을 이해해야 해요.
출발하기 전에 모든 비행 경로의 예보를 항상 확인하길 바랍니다.

이착륙할 때의 맞바람

훈련기를 모는 상황에서는 바람을 거슬러 이륙하고 바람을 거슬러 착륙하는 게 가장 쉽고 안전합니다. 올바른 방향으로 이착륙하고 있는지 반드시 확인하세요!

맞바람은 '역풍'이라고도 합니다. 비행기 정면에 맞서 불어오는 바람입니다.
비행 속도가 느려지고 연료가 더 많이 소모됩니다.

'순풍'은 비행기가 향하는 방향과 같은 방향으로 부는 뒷바람입니다.
뒷바람이 불면 이동 시간이 빨라지고 비행 시간이 단축됩니다.

강한 옆바람은 비행기를 옆으로 밀어 진로에서 벗어나게 할 수 있습니다.
비행 경로를 계속 확인하세요.

인터넷으로 일기 예보를 보고 어떤 날씨인지 미리 확인할 수 있습니다.
이 사진을 보니 큰 폭풍이 왔네요.
오늘 이 지역으로는 비행할 수 없겠어요!

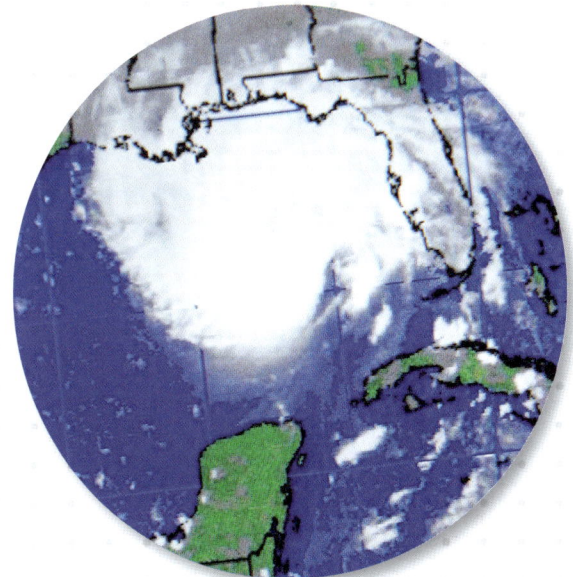

다양한 구름을 알아봐요

조종사는 다양한 종류의 구름과
구름이 몰고 올 날씨를 알아야 합니다.
하늘에 떠 있는 다양한 구름을 구별할 수 있나요?

1 권적운

2 권운

3 권층운

4 적란운

5 층적운

6 층운

7 적운

1 권적운

긴 리본 모양의 푹신한 구름입니다. 높은 하늘에 희고 작은 구름이 촘촘히 흩어져 양털 같은 모습입니다. 겨울에 이 구름이 보이면 폭풍이 올 수도 있어요.

2 권운

푸른 하늘에 구름이 얇고 높게 떠 있습니다. 영하 20℃ 이하의 추운 곳에서 나타나요. 이 구름이 보이면 날씨가 곧 바뀔 수 있습니다.

3 권층운

안개가 엷게 끼어 흐릿하고 거의 투명한 구름입니다. 온 하늘을 덮고 있지요. 24시간 안에 비가 올지도 몰라요.

4 적란운 ⚠️

거대하고 높은 산 모양으로 아랫부분이 회색인 구름입니다. 우박, 소나기, 천둥 같은 극한의 날씨가 오고 있다는 표시예요!

5 층적운

솜털 같은 공 모양의 구름이 줄지어 있습니다. 낮은 하늘에 생깁니다. 건조하다는 표시예요.

6 층운

땅 위에 가장 가까운 하늘을 가로지르는 얇은 구름입니다. 이슬비를 내리고 가끔 싸라기눈을 내리기도 해요.

7 적운

커다란 목화송이 같은 구름입니다. 쾌청한 날씨를 뜻해요. 몇 시간만 떠 있을 수도 있습니다.

퀴즈! 날씨를 보면서 비행해요!

Q 2인승 비행기를 타고 적운을 통과하고 있습니다. 강한 바람이 불고 구름은 점점 커지고 있습니다. 어떻게 해야 할까요?

A 난기류(방향과 속도가 바뀌면서 흐르는 기류로, 비행을 방해한다.)가 많고 번개가 칠 수 있으므로 우뚝 솟은 구름을 피해 조종해야 해요. 구름이 한데 뭉치고 큰 뇌우까지 발생한다면 착륙해야 합니다.

Q 여객기를 조종하고 있어요. 착륙을 준비해야 할 시간이 다가오고 있습니다. 아래를 보니 솜털 같은 구름이 줄지어 떠 있습니다. 착륙할 곳의 날씨는 어떨까요?

A 층적운이 떠 있는 것으로 보아 착륙할 곳의 날씨는 건조하겠네요.
비나 눈이 내리고 있지는 않으니 착륙에는 문제가 없는 날씨네요!

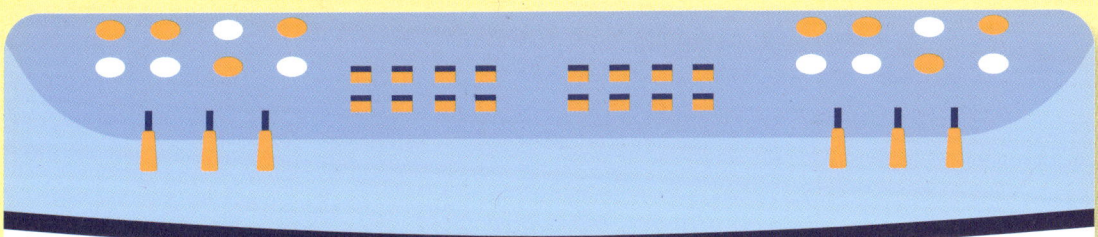

3

비행기를 타고
날아 봐요

비행기를 직접 조종해서
하늘 높이 날아보세요.
안전하게 착륙할 때까지 무엇을 해야 할까요?

천천히 비행하기

속도를 줄여서 날아 볼까요?

많은 조종사가 빠르게 비행하는 걸 좋아합니다.
하지만 비행기 조종을 잘 배우고 싶다면 천천히 비행하는 연습을 하세요.
천천히 비행할 때는 속도를 조심해야 합니다. 너무 느리게 비행하면
비행기가 양력을 잃고 빠르게 추락하는 현상인 '실속'이 일어날 수 있어요.

스티어맨

비행 용어

로저(Roger)
조종사가 '메시지를 알아들었다.'
라는 뜻으로 하는 말입니다.

체크리스트

실속이 일어날 때 나타나는 신호를 알아보세요.

- ✓ 비행기가 흔들리기 시작합니다.
- ✓ 컨트롤 스틱이 흔들립니다.
- ✓ 비행기의 노즈는 위를 향해 있지만, 비행기가 위로 올라가고 있지 않습니다.
- ✓ 속도가 느려지고 있는 게 느껴집니다.

실속 상태에서 벗어나는 법

자, 비행기가 완전히 동력을 잃고 실속 상태가 되었습니다. 비행기 노즈가 곤두박질치고 있습니다! 교관이 '리커버 나우(Recover now. 양력을 회복한다.)'라고 말하면서 스틱을 앞으로 밉니다.

얕은 하강 단계로 돌입합니다. 스틱을 뒤로 당겨 하강 상태에서 부드럽게 벗어난 다음 속도를 내서 나아가면 됩니다. 잘했습니다!

실속 속도

비행기가 멈춘다고 엔진이 작동하지 않는 건 아닙니다. 그러나 하늘에서 떨어지기 시작할 거예요.

모든 비행기에는 실속이 발생할 수 있는 속도가 있습니다. '스티어맨'은 약 80km/h 이하로 비행하면 실속에 진입합니다.

비행 계기판으로 위험을 알아차려요

비행기가 너무 천천히 나는 건 아닐까요?
비행 계기판을 살펴보세요. 무슨 일이 일어나고 있는지 알겠나요?

1 대기 속도 지시계

느리게 비행하고 있으며 조종석이 매우 조용해졌습니다. 흔들리는 느낌이 들기 시작합니다.

2 자세계

비행기 노즈가 수평선 훨씬 위에 있습니다. 원하던 위치가 아닙니다!

3 고도계

노즈는 위를 향해 있지만 고도계는 비행기가 올라가고 있지 않다고 알려 줍니다.

4 방향 지시기

조종 불능 상태도 아니고 직선으로 잘 향하고 있지만 비행기의 움직임이 이상하다는 느낌이 듭니다.

조심하세요.
비행기가 곧 하강할 겁니다!

천천히 비행하는 방법

1. 주변 둘러보기

우선, 앞과 옆을 보고 주변이 안전한지 확인하세요. 속도를 늦추기 시작하면 비행기의 노즈가 올라가서 앞을 볼 수 없을 테니까요.

2. 속도를 줄이기

이제 스로틀 레버를 뒤로 당겨서 동력을 줄이세요. 그런 다음 같은 높이를 유지할 수 있도록 스로틀 레버를 풀어주세요.
엔진과 바람 소리가 훨씬 줄어들었다는 걸 곧 느끼게 될 겁니다.

3. 선회 연습하기

부드럽게 선회를 시도하세요. 조종 장치(컨트롤 스틱)가 얼마나 느슨한지 느낄 수 있나요?
이제 속도를 올릴 때입니다. 정상적인 속도로 돌아올 수 있도록 동력을 올리고 스틱을 앞으로 천천히 밉니다.

비행기의 실속 속도를 알아야 합니다. 그 속도 아래로 떨어지지 않도록 주의하세요.

하늘에서 높게, 천천히 날아가는 연습을 하세요. 문제가 생겼을 때 여유로운 고도에서 문제를 해결할 수 있도록 말이죠!

꼭 알아야 할 비행 규칙

비행기는 밤낮없이 전 세계의 하늘을 가로지르고 있습니다.
안전한 비행을 위해, 조종사들은 항공법이라는 국제 규칙을 따라야 합니다.
정식 조종사가 되면 지켜야 할 다른 규칙들도 있답니다. 어떤 규칙이 있는지 알아봅시다.
조종사 자격증을 따려면 영국은 17세, 우리나라는 21세가 되어야 합니다.

비행 시 금지 사항

비행 금지 구역으로 향하지 말 것!

잘못 비행해 침범했다간 무시무시한 경고를 받을 거예요.

너무 낮게 날거나 사람을 향해 급강하하지 말 것!

혹시 비행하다가 부딪히면 큰일나겠죠?

연료가 바닥나지 않도록 할 것!
(공중에서 정지해 있을 수 없습니다.)

하늘에는 주유소가 없어요. 미리 목적지까지 필요한 연료를 채워서 가야 한답니다.

제트 여객기의 경로를 절대 가로지르지 말 것!

제트 여객기에는 사람이 많이 타서 부딪혔다간 큰 사고가 날 거예요.

다른 비행기를 피할 때의 규칙

1. 1대 1

마주 보고 나는 비행기가 서로 가까워지면, 두 비행기는 각각 오른쪽으로 선회해 부딪히는 걸 피해야 합니다.

공중이나 지상에서나 이동할 때 모두 동일합니다.

2. 추월

하늘에서 앞서가는 비행기를 추월할 때는 오른쪽으로 가세요.

앞 비행기가 통행 우선권을 갖고 있어서 앞 비행기가 방향을 바꿔 경로를 가로지를 때는 먼저 갈 수 있도록 합니다.

3. 양보

비행기는 비행선과 글라이더와 열기구에 길을 양보해야 합니다.

비행선은 글라이더와 열기구에게 그리고 글라이더는 열기구에게 길을 내주어야 해요!

4. 유도로

유도로를 따라 천천히 이동할 때, 견인되고 있는 비행기가 있다면 길을 내줘야 합니다.

또한 이륙이나 착륙하는 비행기에도 길을 양보해야 합니다.

항공 지도 읽는 방법

비행할 때는 최신 항공 지도나 비행지도가 필요합니다.

처음에는 매우 복잡하게 보이지만, 중요한 정보가 가득하다는 사실을 곧 알게 될 겁니다.

1 위험 구역

위험 구역에서 멀리 떨어지세요. 군사 훈련 지역일 수 있습니다.

2 조류 보호 구역

비행기는 새의 보금자리와 새가 먹이를 구하는 지역을 피해야 합니다.

3 탑

관제탑이나 송신탑 특히, 탑 사이에 케이블이 연결되어 있다면 멀리 돌아가세요.

4 조명이 환한 높은 장애물

높은 건물을 피할 수 있도록 밤에 조명이 켜져 있습니다.

5 낙하산 낙하 구역

낙하산을 타는 사람들에게 공간 확보는 정말 중요합니다.

6 버려진 비행장

비상시 여기에 착륙할 수 있습니다.

7 헬기장

이 작은 이착륙 공간은 헬리콥터만을 위한 곳입니다.

점검하기
조종사는 비행 경로를 미리 지도에 표시합니다. 경로를 따라가면서 도중에 조심해야 할 모든 것을 확인하세요.

8 비행장

훈련기나 경비행기가 여기에 착륙할 수 있습니다.

안전한 착륙

지상으로 돌아갈까요?

비행이 아무리 좋아도 언젠가는 땅으로 돌아와야겠지요? 착륙에는 기술과 연습이 필요합니다.
정확하고 부드럽게 땅으로 내려온 후 흔들리지 않고 활주로를 달리는 게 목표입니다. 착륙할 준비를 하세요.

체크리스트

활주로에 접근할 때, 다음과 같이 최종 점검을 하세요. '플레이엔연브'라고 말하면 기억하는 데 도움이 됩니다!

- ✓ 플 – 양쪽 날개의 **플랩**을 내린다.
- ✓ 레 – 프로펠러 **레버**를 앞으로 민다.
- ✓ 이 – **이착륙 장치**(바퀴)를 내린다.
- ✓ 엔 – **엔진** 혼합기 농도를 진하게 맞춘다.
- ✓ 연 – 두 탱크의 **연료**를 점검한다.
- ✓ 브 – **브레이크**가 풀려 있는지 확인한다.

일방통행 시스템

공항 주변의 영공은 매우 복잡하기 때문에 모든 비행기는 도착이나 출발 여부에 관계없이 일방통행을 합니다.
　이것을 장주(Traffic Pattern)라고 해요. 이륙이나 착륙을 연습할 때 이 장주를 따라 비행하면서 경계를 유지해야 합니다.

안전한 착륙을 위한 장주 살피기

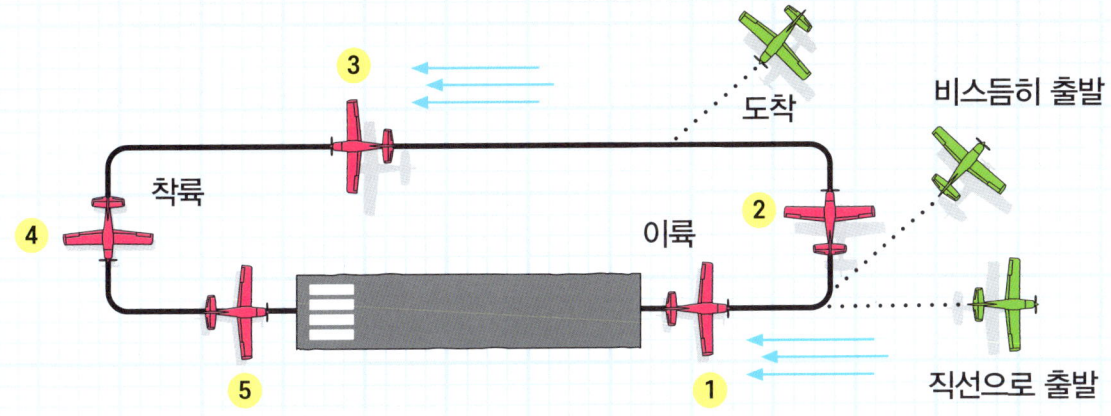

1 윗바람(Upwind. 바람이 불어오는 방향에서)

바람을 거슬러 이륙하세요. 비행에 안전한 속도에 도달해야 합니다.

2 옆바람(Crosswind. 비행기 진로와 직각으로 부는 바람)

공중에서 왼쪽으로 선회해 바람을 가로질러 날아가세요. 수평 비행합니다.

3 아랫바람(Downwind. 바람이 부는 방향에서)

바람이 부는 방향으로 선회해서 똑바로 나아가세요. 바람이 비행기를 쭉 밀어줄 겁니다. 점검 사항을 확인하세요.

4 베이스(Base)

활주로 끝이 어깨 뒤에 놓였을 때 왼쪽으로 선회하세요. 고도를 낮추세요.

5 최종(Final)

착륙을 위해 부드럽게 선회하여 정렬하세요. 다른 비행기가 없는지 확인한 후 착륙해야 합니다.

관제사가 "24L 활주로에 착륙하십시오. (Clear to land, Runway 24L)"라고 말합니다. 착륙할 준비를 마쳤다면 똑같이 "24L 활주로에 착륙합니다."라고 답한 후 착륙하세요.

에어버스

이것은 플랩입니다.

바퀴는 이착륙 장치의 일부입니다.

24L는 무슨 뜻일까요? 앞 숫자는 뒤에 0을 뺀 각도를 의미해요. 24는 240도 방향이라는 뜻이지요. 알파벳 L은 왼쪽(Left)를 의미해요. 같은 방향에 도로가 여러 개 있을 때 가장 왼쪽 도로를 말하는 거예요. R(오른쪽), C(가운데)도 쓴답니다.

착륙하는 비행기는 항상 이륙하는 비행기보다 통행 우선권을 가집니다. 비상사태라면 최우선이 되겠지요!

안전하게 착륙하는 방법

1. 천천히 비행하기

활주로가 보입니다. 좋습니다! 가장 먼저 할 일은 스로틀 레버를 당겨 추력을 줄이는 것입니다.

2. 플랩 내리기

이제 플랩을 내리기 시작합니다. 플랩을 내리면 날개 면적이 넓어져 느리고 안전하게 비행할 수 있습니다. 2단계나 3단계로 나누어 천천히 플랩을 펴세요.

3. 바퀴 내리기

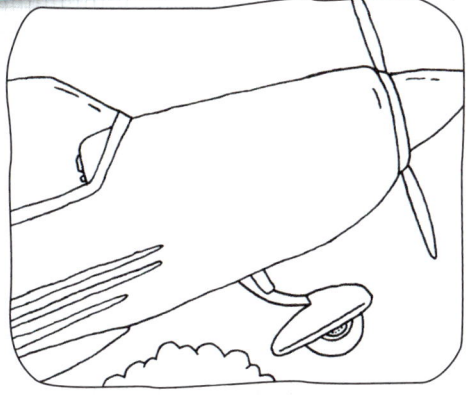

바퀴를 내려 고정시키세요. 접근의 최종 단계에서 바퀴가 잘 내려가 고정되었는지 다시 확인하세요.

4. 착륙

활주로를 달리면 스로틀 레버를 뒤로 당겨 엔진의 추력을 최저로 낮춥니다. 부드럽게 비행기의 노즈를 올리며 착륙하세요. 잘했습니다!

단독 비행

이제 혼자 날아 볼까요?

안전하게 비행할 수 있다는 사실을 교관에게 증명했다면, 혼자서 비행해 볼까요? 혼자 힘으로 비행할 수 있다는 걸 보여 주는 거예요. 모든 조종사가 거쳐야 할 뿌듯한 순간입니다!

파이퍼 컵

비행 용어

네거티브(negative)
헷갈리지 않기 위해 '노(no)' 대신에 이렇게 말합니다.

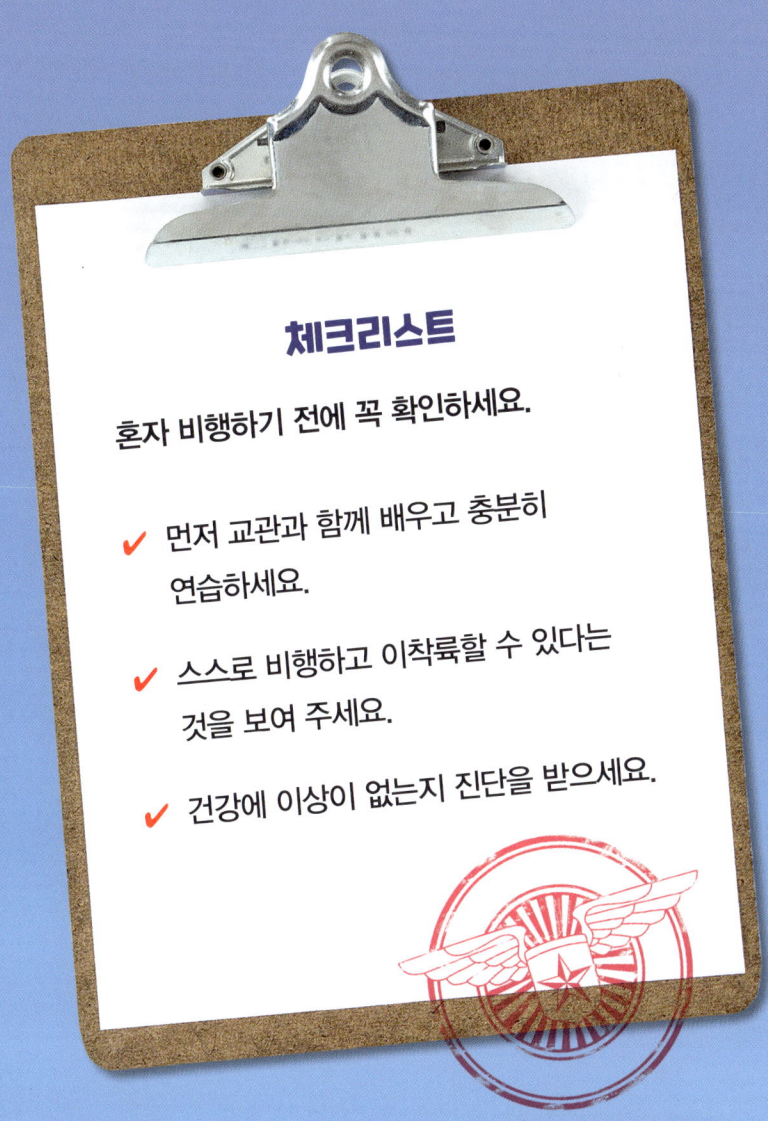

체크리스트

혼자 비행하기 전에 꼭 확인하세요.

✓ 먼저 교관과 함께 배우고 충분히 연습하세요.

✓ <u>스스로</u> 비행하고 이착륙할 수 있다는 것을 보여 주세요.

✓ 건강에 이상이 없는지 진단을 받으세요.

단독 비행에 도전하기

훈련받았던 비행기에 타고 있다면 조종 장치가 익숙하게 느껴질 겁니다.

　초조하더라도 긴장을 푸세요. 이륙하고 나서 비행장 주변을 한 바퀴 돈 다음 착륙하세요. 시간이 지나면, 더욱 자신감이 생길 거예요. 언젠가는 전투기든 곡예기든 좋아하는 비행기를 타고 더 멀리 비행할 수 있을 겁니다.

빠르고 민첩하게 비행할 수 있도록 프로펠러 날개를 다섯 장 달았어요.

필라투스 PC-21

21세기 조종사를 훈련시키기 위해 만들어졌어요.

알아볼까요?

첫 단독 비행을 마친 조종사의 머리에 한 양동이의 물을 들이붓는 전통이 있답니다.

단독 비행에 도전한 조종사

비행 역사를 보면, 대담한 단독 비행이 많았습니다.
단독 비행으로 유명한 조종사들의 놀라운 업적을 살펴보세요.

찰스 린드버그
1927년, 미국 뉴욕에서 프랑스 파리까지 멈추지 않고 대서양을 홀로 비행으로 건넌 최초의 조종사입니다.

샌드위치로만 배를 채우고 33시간의 비행 내내 깨어 있기 위해 스스로 얼굴을 때리면서 비행했답니다.

아멜리아 에어하트

1932년 대서양을 단독 비행한 최초의 여성입니다.

1937년에 '록히드 엘렉트라'를 타고 태평양 횡단 비행을 시도한 에어하트는 비행 도중 흔적도 없이 사라지고 말았습니다.

스티브 포셋

2005년에 전 세계를 단 한 번도 멈추지 않고 비행한 최초의 인물입니다.

제트엔진을 갖춘 '버진 애틀랜틱 글로벌 플라이어'를 몰아 67시간 1분이 걸려 전 세계를 비행했습니다.

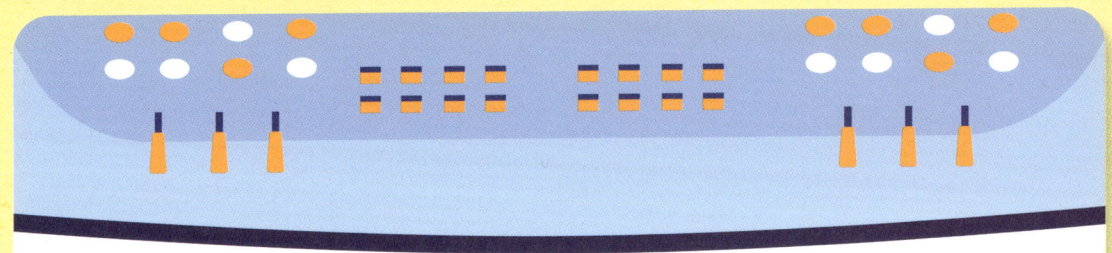

어려운 비행도
할 수 있어요

비행을 하면서 예상치 못한
위험한 상황에 빠질 수 있어요.
위험한 상황에서 빠져나오는 방법을 알아봐요!

경로 계획

경로를 따라 날아 볼까요?

비행할 때 해야 할 일은 한두 가지가 아닙니다.
비행기를 몰면서 동시에 무선으로 이야기하고 경로도 찾아야 하니까요.
경로 계획은 길을 잃지 않기 위해 반드시 해야 하는 매우 중요한 일입니다!

비행 용어

메이데이(선박·항공기의 국제 조난 무선 신호)
만일 비행하다가 곤경에 처했다면 이 말을 세 번 연속해서 말하세요.
다른 조종사와 항공 교통 관제사가 듣고 도와줄 겁니다.

하늘에 있을 때, 조종석에서 보이는 놀라운 광경은 빼놓을 수 없겠지요.
설령 길을 잃어도, 작은 비행기라면 그리 속도가 빠르지 않으므로, 비행 경로를 다시 돌려 놓을 수 있어요.
하늘에 펼쳐진 멋진 광경을 둘러볼 여유도 있지요.

경로를 벗어나지 않는 방법

1. 크게 생각하기

비행기를 타고 출발할 때는 항상 도착할 때까지의 전체 그림을 생각해야 합니다.
창밖을 보세요. 올바른 방향으로 가고 있나요?

2. 정확하게 비행하기

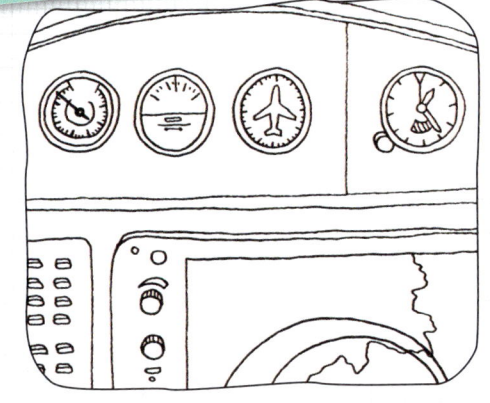

시작부터 정확하게 비행해야 합니다.
정확한 높이와 속도로 이동하고 있는지 확실히 하기 위해 반드시 계기 다이얼을 확인하세요.

비행하면서 말하는 게 어려울 수 있지만, 다른 조종사나 관제사에게 무선으로 말하기 전에는 항상 깊게 생각해야 합니다.

관제사의 지시를 받아 적으세요.
지상 직원이 관제사의 지시 내용을 알려 달라고 할 수 있습니다.

대답하기 전에 잠시 멈추고 주의 깊게 들어 보세요.
그렇지 않으면 다른 메시지가 들어올 때 못 듣고 놓칠 수 있습니다.

비행 경로 계획에 필요한 준비물

자전거나 자동차를 탔을 때는 도로나 트랙을 따라가면 돼요.
하지만 하늘에는 도움을 받을 수 있는 표시가 없답니다.
거의 직선으로 된 경로를 따라 비행해야 하지요. 가던 길을 멈추고 방향을 물을 수도 없어요.
따라서 비행 계획을 신중하게 세워야 합니다. 경로 계획에 필요한 도구를 살펴보세요.

항공 지도
이륙하는 비행장에서 착륙하는 비행장까지 직선을 그리세요.
비행하면서 피해야 할 지역이 있는지 확인해야 합니다.

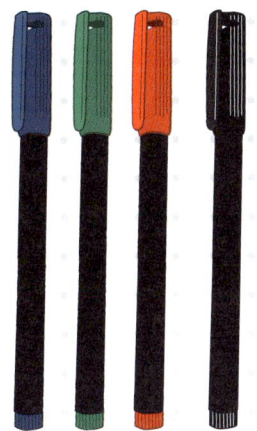

마커
기록한 내용이 잘 지워지지 않도록 유성 펜을 사용해 지도에 경로를 표시하세요.

스톱워치
비행기가 출발할 때 스톱워치를 작동시켜, 비행하면서 각 기준점에 정시에 도착하고 있는지 확인하세요.

비행 일지
비행을 시작하기 전에 비행과 관련한 모든 세부 사항을 비행 일지에 적으세요. 출발지와 도착지, 거리와 비행시간도 적습니다.

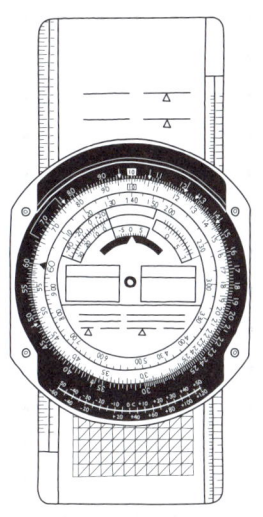

E-6B
이 도구를 사용해서, 목적지까지 비행시간과 필요한 연료량을 계산할 수 있습니다.

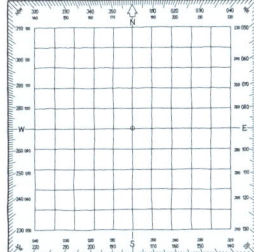

사각 각도기
사각 각도기를 활용해 나침반이 어느 방향으로 비행하라고 표시하는지 알아내세요.

비행 자
비행 자와 항공 지도를 이용해 이동할 거리를 측정해 보세요.

어둠 속 비행

어두워도 비행할 수 있을까요?

전투기 조종사나 점보 여객기의 기장이라면 깜깜한 밤이나 악천후의 조건에서도 잘 비행해야 합니다. 때로는 비행기 밖이 전혀 보이지 않기도 해요. 오직 조종석에 있는 계기판과 활주로 조명에만 의지해 비행하는 방법을 설명합니다.

폭풍 속에서 착륙하기

자, 지금 번개가 내리치는 폭풍 속에서 착륙해야만 합니다. 활주로 표시등이 보일 때까지 먹구름을 뚫고 내려오면서 계기판에 똑바로 집중하세요. 무선으로 관제소에 도움을 청하고 주의 깊게 들으면서 착륙을 준비하세요.

"스피드스터 21, 활주로 24에 착륙, 극도의 난기류 주의(Speedster 21, Clear to land runway 24, Caution extreme turbulence)."란 말이 들리면 그대로 내려가도 좋습니다. 매우 덜컹거릴 수 있으니 주의하세요!

에어버스 A380

유로파이터

체크리스트

구름, 눈, 비, 우박 또는 안개를 뚫고 비행할 수 있는 방법입니다.

✓ 경로를 신중하게 계획하세요.

✓ 두렵더라도 계기판을 신뢰하세요.

✓ 항상 정확하고 부드럽게 비행하세요.

✓ 당황하지 말고 비행기를 살살 조종하세요.

실제 비행기 조종석처럼 보이지만 사실 에어버스의 비행 시뮬레이터입니다. 이 시뮬레이터를 이용해 조종사는 극한 상황에서 비행하는 느낌을 체험해 볼 수 있습니다. 컴퓨터용 비행 시뮬레이터 게임도 있으니 한번 시도해 보세요.

계기 스캔하는 방법

계기만으로 비행할 때는, 2초 단위로 초점을 변경해 모든 계기판을 다 보아야 합니다. 이것을 계기 스캔이라고 해요. 가장 중요한 다이얼인 자세계를 보는 것부터 시작하세요.
이제 스캔 연습 시작!

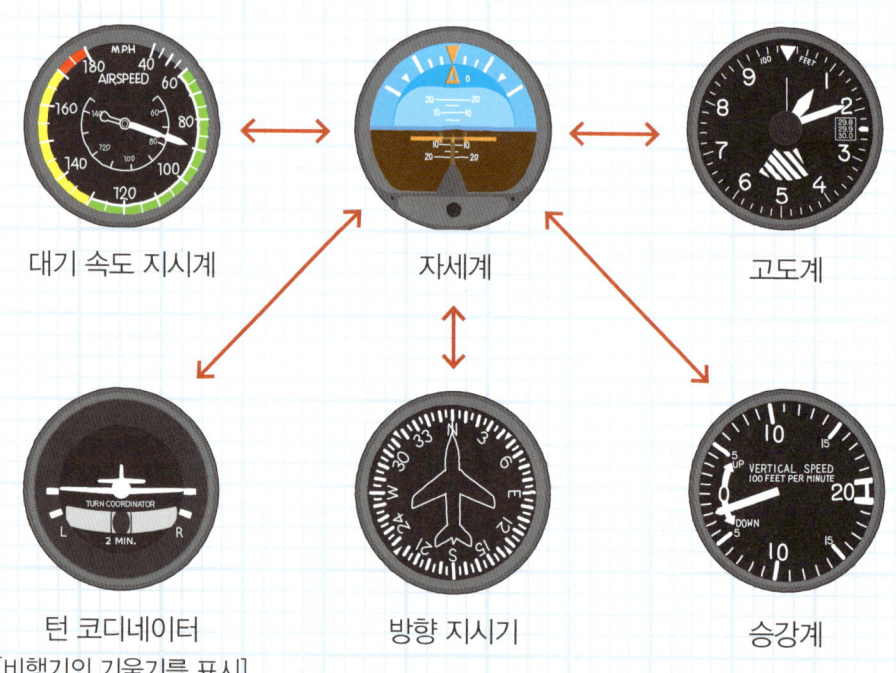

대기 속도 지시계   자세계   고도계

턴 코디네이터
[비행기의 기울기를 표시]   방향 지시기   승강계

조명을 따라 착륙하는 방법

큰 공항에는 대부분 가까이 접근하면 색상이 변하는 활주로 조명이 있습니다. 색 변화 패턴이 변하면서 조종사에게 길 안내를 한답니다.

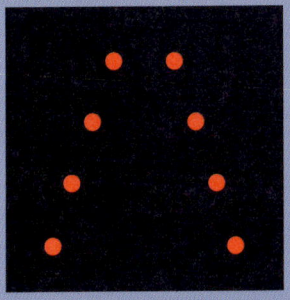

전부 빨간색
너무 낮게 진입하고 있습니다. 빨리 올라가세요!

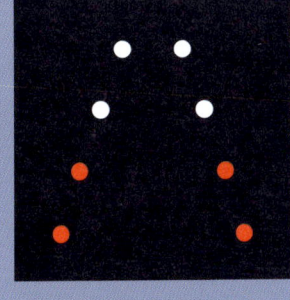

빨간색과 하얀색
적절한 고도입니다. 착륙해도 안전합니다.

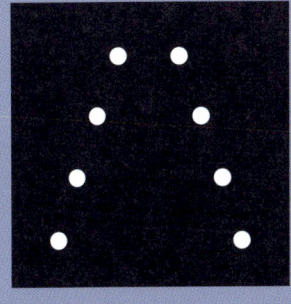

전부 하얀색
너무 높이 날고 있습니다. 안전하게 착륙하려면 고도를 낮추세요.

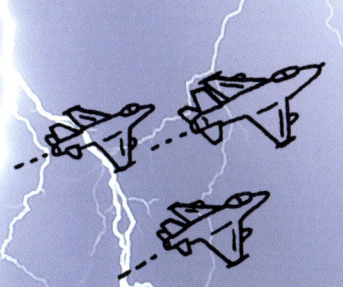

퀴즈! 조명을 따라 착륙해 볼까요?

Q 활주로가 보이면 조명이 눈에 띌 겁니다. 빨간색과 하얀색 조명이 섞여 있네요. 올바른 높이에서 접근하고 있다는 뜻일까요?

A 그렇습니다. 빨간색과 하얀색 표시등은 착륙하기에 적합한 비행 경로에 있다는 것을 의미합니다.

곡예비행에 도전해 볼까요?

곡예비행 도전

조종사에게 곡예비행은 무엇보다도 가장 긴박감 넘치는 일입니다. 곡예비행을 하면 자신과 비행기의 한계를 알 수 있습니다. 열심히 연습하면, 곡예비행 대회에 참가하거나 에어쇼를 할 때 사람들의 박수를 받을 수 있어요. 멋지겠지요?

타이거 모스

✪ 옛날 복엽기

묘기 부리며 비행하는 걸 곡예비행이라 합니다. 옛날에 공중전을 펼치던 조종사는 목숨을 위협하는 전투에서 살아남기 위해 복엽기를 몰았어요. 위협을 피하며 급강하하고, 재빨리 날면서 묘기 같은 비행 기술을 발달시켰습니다. 오늘날 에어쇼에서도 복엽기로 공연을 펼치는 모습을 볼 수 있어요.

수호이 29

⭐ 현대 곡예기

오늘날에 만들어진 곡예기를 몰아 보고 싶지 않나요? 성능이 엄청 좋아서 보고도 믿지 못할 정도로 빠른 속도로 급강하하거나 선회할 수 있습니다.

거꾸로 비행하면 정말 불편해요. 몸을 단단히 고정해야 하지요. 그렇지 않으면 캐노피[항공기 조종실의 투명한 덮개]에 머리를 부딪치게 됩니다.

⭐ 비행 대회

곡예비행은 세계 선수권 스포츠이며 전문가뿐 아니라 초보자를 위한 경쟁 부문도 있습니다. 승리하기 위해서는 좁은 공간에서 정확하고 안전하게 묘기를 수행해야 합니다.

엑스트라 330SC

⭐ 에어쇼 시작

에어쇼에서 멋진 장면을 보여 주는 곡예비행팀을 이길 비행은 없어요.
다른 비행기들과 함께 대형을 이루어 다양한 패턴을 만들고 하늘을 종횡무진하면 군중은 열띤 응원을 보낼 거예요.

캐나디안 스노버드

원을 그리며 비행하는 방법

1. 급강하

점검을 모두 마쳤다면 이제 곡예비행할 준비가 되었습니다.

비행기가 허락하는 최고 속도로 급강하하세요. 땅이 눈앞으로 돌진하는 느낌을 받게 될 거예요.

2. 급상승

다시 스틱을 힘껏 뒤로 당기고 공기를 가르며 거의 직선으로 솟구쳐 올라가세요.

단단히 잡고 계속 당겨야 합니다. 롤러코스터를 타고 있는 기분이 느껴질 겁니다.

3. 거꾸로 비행하기

공중에 뜬 상태로, 뒤집힌 채로 땅을 바라보는 느낌을 즐기세요.
　이제, 다시 원래 상태로 돌아가기 위해서 스틱을 다시 약간 풀어 줍니다.

4. 수평 비행

자, 이제 다시 내려가고 있어요. 자리에 몸이 잔뜩 눌리는 느낌이 나나요?
　스틱을 다시 당겨 수평을 유지하세요. 정말 잘했어요!

5

다양한 비행기를 살펴봐요

여객기, 전투기, 수송기까지
세상에는 정말 많은 비행기가 날아다녀요.
비행기의 다양한 모습을 알아볼까요?

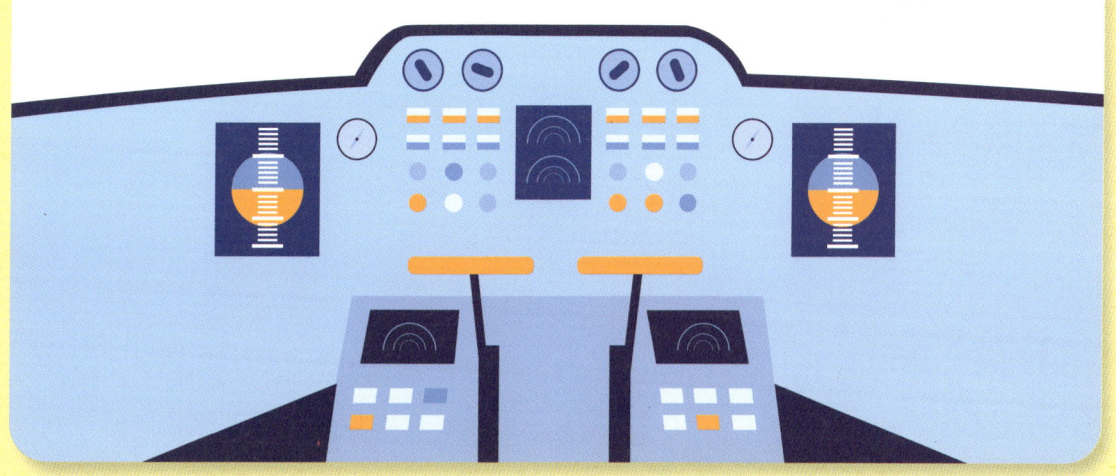

민첩함을 자랑하는 복엽기

제2차 세계대전이 벌어진 1939년까지 만들어진 비행기는 대부분 복엽기였습니다. 주날개 두세 장을 달아 웅장해 보이지요. 선회할 때 민첩하게 움직이는 게 특징이랍니다. 평소 속도는 느리지만요!

An-2

★ 가장 긴 날개

- 설계   러시아, 폴란드, 중국
- 날개 길이   18.2m(윗날개)
- 최고 속도   257km/h
- 항속 거리*   최대 845km
- 제조 수량   18,000대 이상
- 첫 비행   1947년

★ 크고 강력한 'An-2'는 낙하산 훈련, 물품 운반 및 농약 살포에 적합합니다. 정비되지 않은 거친 활주로에서도 이착륙할 수 있습니다.

* 항속 거리
비행 전에 채운 연료로 비행기가 얼마나 멀리 비행할 수 있는지를 알려 줍니다.

최초의 비행기
최초로 사람을 태우고 날아오른 비행기는 라이트 형제의 '플라이어 I'이라 불리는, 나무로 만든 복엽기였습니다. 1903년에 시속 10.9km/h의 속도로 12초 동안 비행했습니다.

솝위드 카멜

설계　영국
날개 길이　8.5m
최고 속도　185km/h
항속 거리　최대 480km
제조 수량　5,400대 이상
첫 비행　1916년

⭐ 제1차 세계대전 당시 영국에서 가장 성공한 전투기였습니다. 조종하기 쉽다는 장점이 있어요. 비행기에 달린 기관총 한 벌은 치명적인 무기로 쓰였습니다.

커티스 제니

설계　미국
날개 길이　13.3m
최고 속도　121km/h
항속 거리　최대 480km
제조 수량　6,800대 이상
첫 비행　1914년

⭐ '커티스 제니'는 제1차 세계대전의 훈련기로 설계되었어요. 전쟁이 끝나자 사람들에게 전율을 주는 멋진 곡예기로 유명해졌답니다.

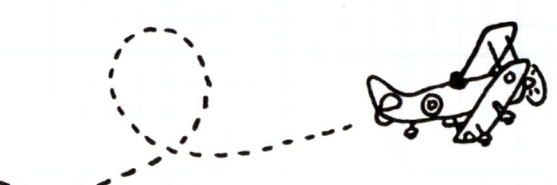

포커 트라이플레인(삼엽기)

설계　독일
날개 길이　7.2m
최고 속도　185km/h
항속 거리　최대 322km
제조 수량　320대
첫 비행　1917년

⭐ 제1차 세계대전 당시 독일에서 가장 유명했던 전투기 조종사 '폰 리히트호펜'이 조종한 비행기입니다. 이 비행기를 붉게 칠하고 다녀서 '붉은 남작'이라고도 불렸습니다.

복엽기는 조종석이 열려 있고 난방이 없었기 때문에, 날 때 조종사가 바람을 그대로 느끼거나 추위에 떨었어요. 따라서 조종사는 바람으로부터 눈을 보호하기 위한 고글과 머리에 꼭 맞는 헬멧을 착용했습니다. 실크 스카프와 두꺼운 가죽 재킷을 입어 몸을 따뜻하게 유지했습니다.

보잉 스티어맨

설계   미국
날개 길이   9.8m
최고 속도   217km/h
항속 거리   최대 800km
제조 수량   9,700대 이상
첫 비행   1934년

⭐ '스티어맨'은 1930~1940년대에 미국 공군 조종사 훈련에 사용한 비행기였습니다. 오늘날에도 여전히 에어쇼에서 비행하는 모습을 볼 수 있습니다. 엄청나게 시끄러운 소리가 나요!

버커 융만

설계   독일 및 기타 국가
날개 길이   7.4m
최고 속도   185km/h
항속 거리   최대 600km
제조 수량   4,750대 이상
첫 비행   1934년

⭐ 제2차 세계대전 때, '버커 융만'은 독일 조종사 훈련에 사용되었습니다. 하늘에서 너무나 훌륭하게 방향을 비틀고 회전해서 오늘날에도 여전히 만들어지고 있습니다.

제2차 세계대전의 전투기

제2차 세계대전 동안 비행기 설계자들은 더 빠르게 비행하고 더 멀리 가고 더 많은 무기를 수송할 비행기를 만들기 위해 최선을 다했습니다. 가장 강력한 프로펠러 전투기들을 만나 볼까요?

P-38 라이트닝

가장 세요

설계	미국
날개 길이	15.8m
최고 속도	713km/h
항속 거리	최대 2,090km
제조 수량	10,037대
첫 비행	1939년

★ 'P-38 라이트닝'은 정말 독특해 보입니다. 일본인은 이 비행기를 보고 '비행기 두 대에 조종사가 한 명'이라고 부르곤 했지요. 높은 곳에서 비행하도록 설계되었습니다.

메서슈미트 Bf109

설계 독일
날개 길이 9.9m
최고 속도 640km/h
항속 거리 800km 이상
제조 수량 약 34,000대
첫 비행 1935년

★ 당시 설계된 전투기 대부분은 이렇게 작고 빨랐습니다. '메서슈미트'는 제2차 세계대전 때, 15,000대 이상의 비행기를 격추시켰습니다.

허리케인

설계 영국
날개 길이 12.2m
최고 속도 547km/h
항속 거리 최대 966km
제조 수량 14,533대
첫 비행 1935년

★ 영국 전투기로, 영국 본토 항공전에서 '스핏파이어'보다 더 많은 비행기를 격추시켰습니다. 그다음 전쟁에서는 폭격기로 사용되었습니다.

P51 머스탱

설계　미국
날개 길이　11.3m
최고 속도　703km/h
항속 거리　최대 2,655km
제조 수량　16,766대
첫 비행　1940년

★ '머스탱'은 1980년대까지도 공군에서 사용한 전투기였습니다. 장거리 임무를 맡아 다른 폭격기를 보호하는 것으로 유명했습니다.

제2차 세계대전 전투기 조종사들은 높이 올라 비행하는 동안에 공기가 희박해서 산소마스크를 착용했습니다. 비상시에 비행기에서 탈출할 수 있도록 라디오와 구명조끼, 낙하산을 가지고 다녔습니다.

에어쇼의 전투기
오늘날에 펼쳐지는 에어쇼도 제2차 세계대전 당시에 만든 전투기가 많이 날아다니고 있습니다. 에어쇼에 가서 어떤 전투기가 있는지 한번 찾아볼까요?

미쓰비시 A6M 제로

설계 일본
날개 길이 12m
최고 속도 533km/h
항속 거리 2,800km 이상
제조 수량 10,939대
첫 비행 1939년

⭐ '미쓰비시 A6M 제로'는 매우 가벼워서 다른 전투기보다 쉽게 선회를 할 수 있었습니다. 총도 많이 달렸고 장거리 비행을 할 수 있었지만, 그다지 강하거나 속도가 빠르진 않았습니다.

야코블레프 야크 3

설계 러시아
날개 길이 9.2m
최고 속도 655km/h
항속 거리 최대 652km
제조 수량 4,848대
첫 비행 1941년

⭐ 조종사들이 사랑하는 이 비행기는 작고 가벼우면서도 거칠고 강력했습니다. '머스탱'이나 '스핏파이어'보다 훌륭한 전투기라고 말하는 사람도 많습니다!

스핏파이어를 조종해 볼까요?

제2차 세계대전에 나온 스핏파이어는 근사한 소리를 내면서 멋지게 비행합니다!
스핏파이어의 조종석에 앉아 직접 조종한다고 상상해 보세요.

슈퍼마린 스핏파이어

설계　영국
날개 길이　11.2m
최고 속도　679km/h
항속 거리　최대 756km
제조 수량　20,351대
첫 비행　1936년

★ '스핏파이어'는 롤스로이스 멀린 엔진으로 구동하는 비행기입니다. 엄청난 속도와 재빠른 선회, 적의 정곡을 찌르는 공격으로 비행기의 전설이 되었지요.

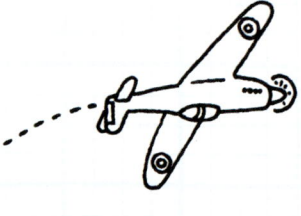

타원형의 날개로 단면이 아주 얇아 다른 전투기보다 빨리 날 수 있어요. 하지만, 타원형의 날개는 제작이 어렵다는 단점이 있답니다.

스핏파이어의 기록

1953년 '스핏파이어'는 프로펠러 비행기로써 가장 빠른 하강 기록을 세웠습니다. 조종사가 하강 도중 잠시 통제력을 잃어서 우연히 얻은 기록이긴 하지만요!

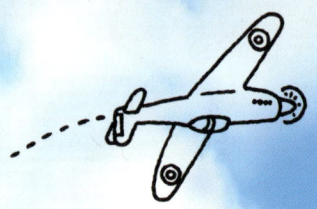

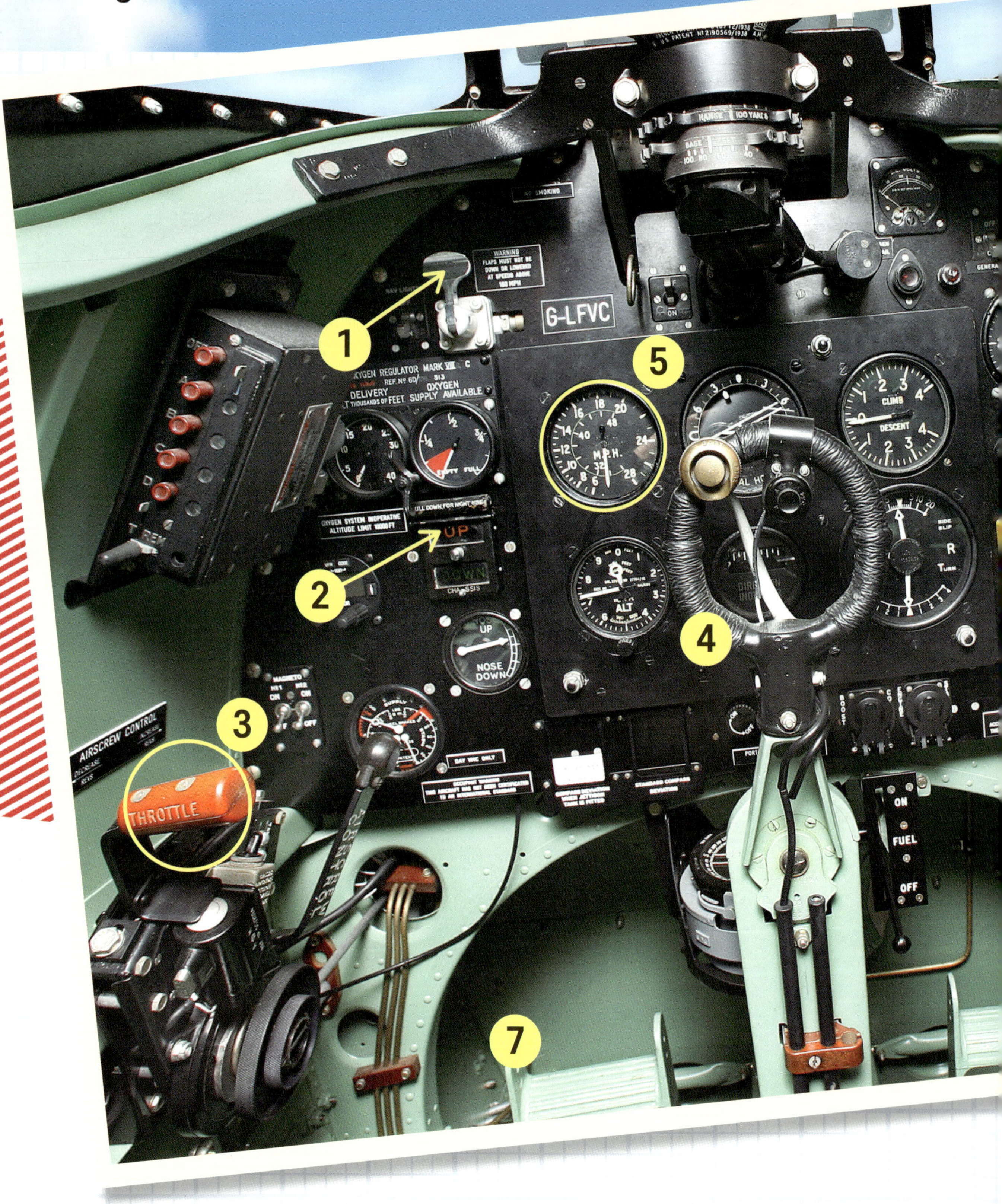

1
2
3
4
5
7
G-LFVC
OXYGEN REGULATOR MARK VIII C
DELIVERY
OXYGEN SUPPLY AVAILABLE
M.P.H.
CLIMB
DESCENT
ALT
UP
DOWN
CHASSIS
NOSE UP
NOSE DOWN
AIRSCREW CONTROL
THROTTLE
ON
FUEL
OFF

1 플랩
느리게 비행하거나 착륙을 준비할 때 레버를 움직여 플랩을 내립니다.

2 휠
이 표시는 바퀴가 올라갔는지 내려갔는지를 알려줍니다. 이륙하고 바퀴 올리는 걸 잊지 마세요.

3 스로틀
이 레버를 스로틀이라고 합니다. 더 많은 힘을 얻으려면 앞으로 미세요. 소음에 대비해야 합니다.

4 스틱
막대기를 잡고 비행기를 얼마나 쉽게 조종할 수 있는지 느껴 보세요. 갈색의 총 발사 버튼을 무심코 누르지 않도록 조심해야 합니다!

5 계기판
대기 속도 지시계와 고도계가 있으므로 비행할 때의 속도와 고도를 확인할 수 있습니다.

6 연료
연료 레벨을 항상 주시하세요. 비행하다 연료가 모자라 곤란해지고 싶지 않다면요!

7 방향타 페달
파일럿 부츠를 신고 방향타 페달을 밟습니다. 선회할 때 왼쪽이나 오른쪽으로 밀어 주세요.

빠르게 나는 현대 전투기

현대에 만들어진 전투기는 매우 빠르고 강력합니다. 에어쇼에 나오는 전투기에서 눈을 떼지 마세요. 제트 전투기가 하늘 높이 솟구쳐 오를 때 땅이 흔들리고 어마어마한 소리가 날 거예요.

F-22 랩터

가장 빨라요

- 설계　미국
- 날개 길이　13.5m
- 최고 속도　마하 2+*
- 항속 거리　최대 800km
- 제조 수량　165대 이상
- 첫 비행　1997년

★ 많은 사람은 현존하는 제트 전투기 중에 'F-22 랩터'가 세계 최고의 제트 전투기라고 말합니다. '스텔스'* 비행기로, 적이 레이더를 사용해 랩터를 발견하기가 매우 어렵지요.

* 마하
마하 뒤의 숫자는 음속(약 1,225km/h)과 비교하여 비행기가 얼마나 빨리 날고 있는지를 알려 줍니다. 비행기가 마하 2+로 난다고 하면, 음속 2배 이상의 속도로 비행하고 있다는 뜻입니다.

* 스텔스
적군의 열 감지나 적외선 및 육안 탐지까지 모든 탐지 기능에 반응하지 않는 은폐 기술이에요.

F-16 파이팅 펠콘

설계　미국
날개 길이　9.9m
최고 속도　마하 2+
항속 거리　800km 이상
제조 수량　4,500대 이상
첫 비행　1974년

⭐ 첫 생산 이후 40년이 넘었지만, 여전히 전 세계 25개 이상의 공군에서 사용하고 있습니다. 조종사들은 이 전투기를 '독사'라고 부르기도 한답니다.

수호이 27

설계　러시아
날개 길이　14.7m
최고 속도　마하 2+
항속 거리　최대 1,287km
제조 수량　약 700대
첫 비행　1977년

⭐ 세계 최초로 매우 쉽게 방향 전환을 할 수 있게 만들어진 초음속 제트 전투기입니다. 복엽기처럼 비행기를 뒤집고 바로 선회하며 천천히 비행할 수도 있어요.

현대 전투기의 크기

최근에 만들어진 전투기에 올라타려면 사다리가 필요합니다.
　엄청나게 크기 때문이지요! 또 조종실에서 있다 보면 이상하리만치 조용하다고 하네요.

제트 전투기 조종사들은 항공복[g-suit, 비행 시 중력 변화로 인하여 피가 팔다리와 머리로 몰리는 충격을 완화하는 옷]이라고 불리는 특별한 옷을 입어요. 비행기를 타고 심하게 선회하거나 빠르게 이동하는 동안 기절하지 않도록 산소마스크도 착용합니다!

JAS 39 그리펜

설계　스웨덴
날개 길이　8.4m
최고 속도　마하 2
항속 거리　800km 이상
제조 수량　250대 이상
첫 비행　1988년

★ 짧은 활주로에서도 이착륙할 수 있는 견고하고 가벼운 전투기입니다. 심지어 일반 도로에서도 이착륙할 수 있답니다. 전쟁에서 유용하게 쓰이는 전투기예요.

유로파이터

설계   영국, 독일, 이탈리아, 스페인
날개 길이   10.9m
최고 속도   마하 2
항속 거리   최대 1,127km
제조 수량   약 275대
첫 비행   1994년

⭐ 다양한 일을 할 수 있어요. 비행기를 격추하기도 하며, 폭탄을 투하하고 지상에 있는 목표물에 미사일을 발사하는 일 등 많은 일을 해내요.

청두 J-10

설계   중국
날개 길이   9.7m
최고 속도   마하 2+
항속 거리   최대 1,086km
제조 수량   190대 이상
첫 비행   1998년

⭐ '청두 J-10'은 비밀리에 개발되었습니다. 주날개 앞에 작은 두 날개가 있어 공중에서 비행기를 비틀고 선회하는 데 효과적입니다.

대한민국의 멋진 비행기

대한민국에서도 직접 비행기를 만든다는 사실 알고 있었나요?
다른 나라에서도 우수성을 인증받아 수출까지 하고 있답니다.
어떤 비행기가 있는지 만나 볼까요?

KT-1 웅비

설계	대한민국
날개 길이	10.6m
최고 속도	648km/h
항속 거리	1,333km
제조 수량	85대 이상
첫 비행	1991년

★ 방글라데시, 인도네시아, 터키 등으로 수출하기도 했어요. 온전히 컴퓨터 설계만으로 만든 비행기로 유명하지요.

T-50 골든이글

설계 대한민국
날개 길이 9.45m
최고 속도 마하 1.5+
항속 거리 최대 2592km
제조 수량 208대 이상
첫 비행 2002년

★ 이 비행기를 수출하면서, 대한민국은 전 세계에서 6번째로 초음속 비행기를 수출한 나라로 이름을 남겼어요.

비행기뿐 아니라 헬리콥터도 만든답니다. 대한민국 육군에서 사용하는 'KUH-1 수리온'은 다양한 용도에 맞춰 조금씩 변형되며 경찰청이나 산림청, 소방안전본부에서도 쓰여요.

출처: 한국항공우주산업

승객을 태우고 나는 여객기

오늘날의 크고 빠른 여객기는 전 세계를 돌아다니며, 수백만 명의 승객과 물품을 운송합니다. 늘 바쁘게 움직이지요. 공항에 가면 다양한 여객기를 만날 수 있어요.

에어버스 A380

가장 커요

- 설계: 프랑스
- 날개 길이: 79.7m
- 최고 속도: 1,020km/h
- 항속 거리: 최대 15,289km
- 승객: 853명
- 첫 비행: 2005년

⭐ 이 비행기는 '슈퍼 점보'로 알려져 있습니다. 비행기가 너무 커서 조종사는 꼬리에 장착한 카메라를 통해 앞을 내다보며 유도로[공항에서 활주로로 이어지는 항공기의 통로] 주위를 움직입니다.

가장 빠른 여객기
세계에서 가장 빠른 여객기는 '콩코드'라고 생각하는 사람들이 많아요. 사실 '콩코드'가 아닌 '콩코드 스키'로 알려진 러시아 비행기 'Tu-144'입니다. 마하 2.35로 날아가요!

보잉 737

설계　미국
날개 길이　최대 35.8m
최고 속도　875km/h
항속 거리　최대 10,203km
승객　215명
첫 비행　1967년

⭐ '보잉 737'은 중거리 비행기입니다. 인기가 좋아서 현재 하늘에는 1,000대 이상의 '보잉 737'이 날아다니고 있습니다!

보잉 747

설계　미국
날개 길이　최대 68.5m
최고 속도　시속 988km
항속 거리　최대 14,816km
승객　524명
첫 비행　1969년

⭐ 이 비행기는 '점보 제트기(초대형 여객기)'로 잘 알려져 있습니다. 승객과 물품을 운반하는 데 사용합니다. 물건을 실을 때 비행기 노즈 전체가 열립니다.

여러 나라의 공군에 많은
여성 비행기 조종사가 있습니다.
점보 제트기를 조종하는 것도
쉬운 죽 먹기지요.

에어버스 A320

설계　프랑스, 독일, 중국
날개 길이　34.1m
최고 속도　864km/h
항속 거리　최대 12,070km
승객　220명
첫 비행　1987년

★ '에어버스 A320'은 비행 동작의 일부를 전자적으로 조종할 수 있는 컴퓨터를 갖춘 최초의 여객기입니다. 이것을 '전자 장비를 활용한 비행(Fly by wire)'라고 합니다.

ATR 72

- 설계　프랑스
- 날개 길이　27m
- 최고 속도　525km/h
- 항속 거리　최대 1,324km
- 승객　74명
- 첫 비행　1988년

⭐ 'ATR 72'는 터보프롭 엔진[터보제트에 프로펠러를 장착한 항공기용 제트엔진]으로 움직이는 소형 여객기입니다. 이 엔진은 속도가 중요하지 않은 단거리 비행에 잘 어울립니다.

버진 갤럭틱 우주선 2

- 설계　미국
- 날개 길이　8.2m
- 최고 속도　4,184km/h
- 최고 높이　약 100km
- 승객　6명
- 첫 비행　2010년(시험 운행)

⭐ 특별히 전문 교육을 오래 받지 않은 사람도 탈 수 있는 세계 최초의 우주선입니다! 항공모함에서 우주선이 우주를 향해 높이 발사됩니다. 로켓엔진이 우주선을 우주로 도착할 수 있도록 힘을 다한답니다.

보면 볼수록 신기한 비행기

비행기는 항상 새로운 모습으로 만들어졌습니다.
작거나 가볍게 만들어지기도 하고, 더 크고 더 빠르게 만들어졌어요.
저렴한 비용을 들여 만들거나 별난 모양으로 만든 비행기도 있습니다!

플라잉 카

가장 신기해요

설계　전 세계
날개 길이　각기 다름
최고 속도　322km/h
항속 거리　최대 787km
제조 수량　알 수 없음
첫 비행　1937년

★ 많은 사람이 하늘을 나는 자동차인 플라잉 카를 만들려고 노력했습니다. 몇몇 사람은 이륙에 성공하기도 했어요! 여기 '테라푸지아 트랜지션'은 가장 최근에 개발한 플라잉 카입니다.

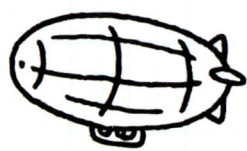

비행선

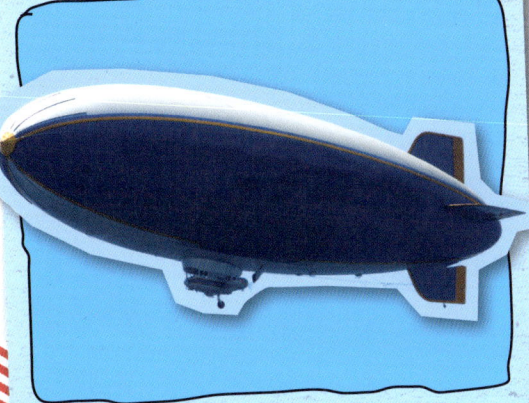

설계 영국, 독일, 미국, 중국
날개 길이 최대 75m
최고 속도 125km/h
항속 거리 중요하지 않음.
며칠간 비행.
제조 수량 소수
첫 비행 1911년

⭐ 비행선은 하늘에 계속 떠 있기 위해 헬륨이라는 공기보다 더 가벼운 가스로 채워져 있습니다. 이 비행선은 내부에 금속 프레임이 없는 소형 비행선입니다.

플라잉 플리

설계 프랑스를 비롯한 전 세계
날개 길이 6.1m
최고 속도 138km/h
항속 거리 최대 446km
제조 수량 알 수 없음
첫 비행 1933년

⭐ 나만의 비행기를 갖고 싶다면 이 비행기는 어떨까요? 조작이 간단하면서도 기능이 뛰어난 비행기입니다. 자동차를 운전할 수 있다면 '플라잉 플리'도 조종할 수 있어요.

조종사가 되려면?
다양한 비행기를 조종하는 방법을 간단히 아는 건 재미있지만, 실제 조종사가 되기 위해서는 끊임없이 연습해야 합니다. 엄청나게 많이요!

SR-71 블랙버드

설계　미국
날개 길이　16.9m
최고 속도　마하 3+
항속 거리　최대 5,400km
제조 수량　32대
첫 비행　1964년

⭐ 몇몇 전문가는 'SR-71 블랙버드'가 최고의 스파이 비행기였다고 말합니다. 엄청나게 높은 곳에서 빠르게 날아 몰래 사진 찍어 오는 일을 완벽하게 해냈습니다.

이 조종사는 링컨 비치입니다.
'하늘을 가진 사람'이라 불렸으며,
비행기가 개발된 직후 시기에 최고 실력을
자랑하는 곡예비행 선수였습니다.
멋진 양복을 입고 비행기에 올라 하늘에서
원을 그리거나 거꾸로 비행하는 걸 좋아했습니다!

슈퍼 구피

설계　미국
날개 길이　47.6m
최고 속도　467km/h
항속 거리　최대 3,219km
제조 수량　5대
첫 비행　1965년

⭐ 우주 정거장이나 로켓 일부분을 어떻게 하늘로 운반할까요? 바로 '슈퍼 구피'를 이용하면 됩니다! 이 항공기는 엄청나게 무거운 하중을 실을 수 있도록 설계되었습니다.

스텔스 폭격기 B-2

설계　미국
날개 길이　52.4 m
최고 속도　마하 0.95
항속 거리　최대 11,100km
제조 수량　21대
첫 비행　1989년

⭐ UFO일까요? 아닙니다. 'B-2'는 레이더 화면에 거의 잡히지 않는 최고의 비밀 폭격기입니다. 또한, 지금까지 설계된 비행기 중에 가장 비싼 비행기입니다.

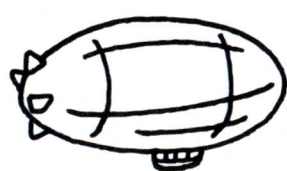

비행기 조종사 자격 시험

조종석에 몸을 맡기고 하늘 높이 날아가 볼까요?
그전에 조종 지식을 잘 익혔는지 확인해 보세요.
기억이 잘 나지 않는다면, 책에서 답을 찾아보세요.

1
모든 점검을 마치고 활주로에 줄을 섰습니다. 이륙을 위해 동력을 만들려면 어떻게 해야 합니까?
a. 스로틀을 앞으로 민다.
b. 스틱을 뒤로 당긴다.
c. 아주 세게 때린다.

2
엔진이 비행기를 앞으로 밀어내는 힘을 내며 비행을 시작합니다. 반대로 비행기를 뒤로 끄는 힘은 무엇일까요?
a. 전자파 차단
b. 강한 바람
c. 항력

3
비행하다가 선회하고 싶습니다. 방향을 바꾸기 전에 무엇을 해야 할까요?
a. "비키세요."라고 소리친다.
b. 레이더를 켠다.
c. 하늘을 조심스럽게 둘러본다.

4
매우 빠르고 높게 비행하고 싶다면 어떤 엔진을 써야 할까요?
a. 전기
b. 로켓
c. 증기

5
이착륙할 때 어떤 바람이 불어야 안전할까요?
a. 맞바람
b. 옆바람
c. 폭풍

98

6

무선으로 대화하면서 알겠다는 표현을 하고 싶다면, 어떻게 말해야 할까요?

a. 로저
b. 오케이
c. 어펌

7

비행 속도가 느려지면 비행 제어 장치를 움직일 때 어떻게 느껴질까요?

a. 느슨하고 헐렁하게
b. 바위처럼 단단하게
c. 통제 불능

8

비행할 때 금지 사항으로 옳은 것은 무엇일까요?

a. 연료를 가득 채운다.
b. 비행 금지 구역으로 향한다.
c. 다른 여객기의 경로를 가로지르지 않는다.

9

비행기 한 대가 이쪽을 향해 똑바로 오고 있는 것이 보입니다. 어떻게 해야 할까요?

a. 눈을 감고 몸을 수그린다.
b. 마주 오는 비행기보다 위로 올라간다.
c. 오른쪽으로 선회한다.

10

착륙하기 위해 마지막 준비를 하고 있습니다. 절대 잊지 말아야 하는 행동은 무엇일까요?

a. 바퀴를 내린다.
b. 플랩을 올린다.
c. 아래 있는 사람들에게 손을 흔든다.

11

처음으로 단독 비행을 떠나며 배웅을 받고 있어요. 교관은 무엇을 먼저 하라고 말했을까요?

a. 이륙해서 묘기를 해라.
b. 집 위를 비행하라.
c. 장주를 따라 비행하고 착륙하라.

12

엔진에 문제가 생기면 도움을 요청해야 합니다. 무선으로 뭐라고 말해야 할까요?

a. 헬프, 헬프, 헬프
b. 메이데이, 메이데이, 메이데이
c. 골리, 골리, 골리

13

경로를 계획할 때 필요한 도구는 무엇이 있을까요?

a. 손목 시계
b. 비행 계획서
c. 색연필

14

구름에 갇혀 계기로만 비행하고 있습니다. 어떤 계기를 가장 많이 봐야 합니까?

a. 고도계
b. 자세계
c. 시계

15

시험에 합격했으니 이제 비행을 하고 싶겠네요. 비행하려면 어떤 것을 챙겨야 할까요?

a. 죽 한 그릇
b. 각도기
c. 항공 지도

답

1번 문제 a	6번 문제 c	11번 문제 c
2번 문제 c	7번 문제 a	12번 문제 b
3번 문제 c	8번 문제 c	13번 문제 b
4번 문제 b	9번 문제 c	14번 문제 b
5번 문제 a	10번 문제 a	15번 문제 c

이렇게 채점해요!
문제의 정답을 맞힐 때마다 1점씩 얻습니다. 획득한 점수를 합해 나온 총점을 확인하세요.

여러분의 점수는?
0~5점 으악! 훈련기로 돌아가 다시 훈련을 받으세요.

6~11점 잘했습니다. 이제 단독 비행을 하러 가면 되겠네요.

12~15점 높은 점수를 받았네요! 무엇이 되고 싶은가요? 전투기 조종사? 점보 제트기 기장은 어때요?

비행 교실 수료증

축하합니다!
이제 모든 과정을 마쳤으니 비행기를 조종할 수 있어요.
조종사 여러분, 하늘에서 만나요!

서명
Nick Barnard

비행 교실 수석 조종사 닉 버나드

세상이 한눈에 보이는 비행기 조종 체험 도감

1판 1쇄 펴낸 날 2024년 3월 5일
1판 2쇄 펴낸 날 2024년 11월 10일

지은이 닉 버나드
옮긴이 이은경
감수 마대우

펴낸이 박윤태
펴낸곳 보누스
등록 2001년 8월 17일 제313-2002-179호
주소 서울시 마포구 동교로12안길 31 보누스 4층
전화 02-333-3114 **팩스** 02-3143-3254 **이메일** viking@bonusbook.co.kr
블로그 http://blog.naver.com/vikingbook **인스타그램** @viking_kidbooks

ISBN 978-89-6494-673-2 74550

바이킹은 보누스출판사의 어린이책 브랜드입니다.

- 이 책은 《어린이 비행기 조종 도감》의 개정판입니다.
- 책값은 뒤표지에 있습니다.

바이킹 어린이 도감 시리즈

어린이 비행기 대백과
손봉희 지음 | 구연산 그림

어린이 비행기 조종 대백과
닉 버나드 지음 | 마대우 감수

어린이 비행기 엠블럼 대백과
감 글·그림

어린이 비행기 구조 대백과
이경윤 지음 | 남지우 그림

DK 놀라운 인체 구조 대백과
에밀리 도드 지음 | 양수정 옮김

체험하는 바이킹 시리즈

웹툰 캐릭터 그리기 대작전
이지 지음 | 정원 그림

웹툰 스토리 만들기 대작전
이지 지음 | 정원 그림

DK 체스 바이블
클레어 서머스케일 지음 | 이은경 옮김

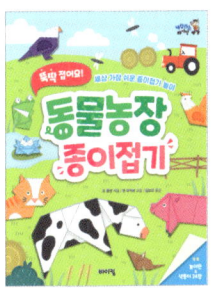
뚝딱 접어요! 동물농장 종이접기
조 풀먼 지음 | 앤 파쉬에 그림

뚝딱 접어요! 사파리 종이접기
조 풀먼 지음 | 앤 파쉬에 그림

정브르가 알려주는 곤충 체험 백과
정브르 지음

정브르가 알려주는 파충류 체험 백과
정브르 지음

정브르가 알려주는 양서류 체험백과
정브르 지음

창의력 뿜뿜! 어린이 셰프 요리책
디에나 F. 쿡 지음 | 달달샘 김해진 감수

창의력 뿜뿜! 어린이 파티시에 요리책
디에나 F. 쿡 지음 | 달달샘 김해진 감수

최강 공룡 서바이벌 대백과
고바야시 요시쓰구 감수
이진원 옮김

교과서 잡는 바이킹 시리즈

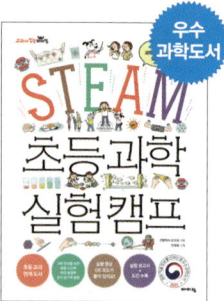

STEAM 초등 과학 실험 캠프

조건호 지음 | 민재회 그림

초등학생을 위한 과학실험 380

E. 리처드 처칠 외 지음 | 천성훈 감수

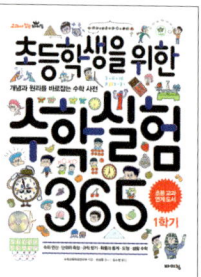

초등학생을 위한 수학실험 365 1학기

수학교육학회연구부 지음 | 천성훈 감수

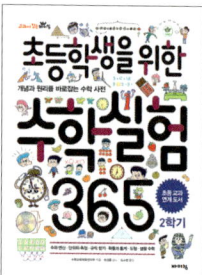

초등학생을 위한 수학실험 365 2학기

수학교육학회연구부 지음 | 천성훈 감수

초등학생을 위한 요리 과학실험 365

주부와 생활사 지음 | 천성훈 감수

초등학생을 위한 요리 과학실험실

정주현, 달달샘 김해진 감수

초등학생을 위한 개념 과학 150

정윤선 지음 | 정주현 감수

초등학생을 위한 개념 경제 150

박효연 지음 | 구연산 그림

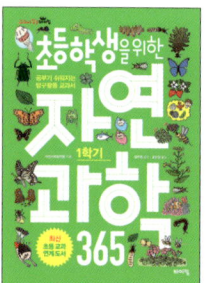

초등학생을 위한 자연과학 365 1학기

자연사학회연합 지음 | 정주현 감수

초등학생을 위한 자연과학 365 2학기

자연사학회연합 지음 | 정주현 감수

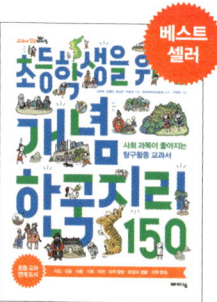

초등학생을 위한 개념 한국지리 150

고은애 외 지음 | 전국지리교사모임 감수

초등학생을 위한 개념 정치 150

박효연 지음 | 구연산 그림

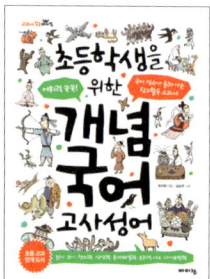

초등학생을 위한 개념 국어: 고사성어

최지희 지음 | 김도연 그림

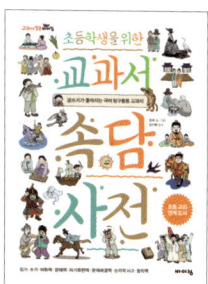

초등학생을 위한 교과서 속담 사전

은옥 글·그림 | 전기현 감수

초등학생을 위한 교과서 명작 읽기

최지희 글 | 윤상은 그림

초등학생을 위한 교과서 고전 읽기

최지희 글 | 윤상은 그림